新时代
〈管理〉
新思维

税务筹划
一本通

黄绪奇　著

U0274673

清华大学出版社
北　京

内 容 简 介

本书是一本全面、系统地介绍税务筹划理论与实践的实用指南。

本书的内容涵盖了税务筹划的几个方面：一是税务筹划的基本概念；二是企业在经营活动、投资活动、筹资活动中的税务筹划实务；三是不同税种的税务筹划，包括企业所得税、个人所得税、增值税、关税等我国现行 18 个税种的筹划技巧和方法；四是税务筹划书的撰写及筹划实务等。

书中展望了税务筹划的发展趋势，包括税收政策的变化、税收征管技术的创新、税务筹划理念的更新等。同时，也提醒读者关注这些变化对税务筹划实践的影响，以便及时调整筹划策略和方法。希望本书能够帮助读者更加全面地了解税务筹划的知识体系，掌握实际操作技能，为企业或个人创造更大的价值。

本书适合广大企业、个人和财税工作者深入理解税务筹划的精髓，掌握有效的税务筹划方法，实现税负的合法降低和经济收入的增加，旨在为广大财税实战专家、企业财税管理人员，以及有志于深入了解税务筹划的读者提供全面、系统、实用的参考。

图书在版编目（CIP）数据

税务筹划一本通 / 黄绪奇著 . -- 北京：清华大学出版社，2025. 2.
（新时代·管理新思维）. -- ISBN 978-7-302-68310-0
　Ⅰ . F812.423
中国国家版本馆 CIP 数据核字第 2025Y29M43 号

责任编辑：刘　洋
封面设计：徐　超
版式设计：方加青
责任校对：王荣静
责任印制：杨　艳

出版发行：清华大学出版社
　　　　网　　　址：https://www.tup.com.cn，https://www.wqxuetang.com
　　　　地　　　址：北京清华大学学研大厦 A 座　　　　　邮　　编：100084
　　　　社 总 机：010-83470000　　　　　　　　　　　邮　　购：010-62786544
　　　　投稿与读者服务：010-62776969，c-service@tup.tsinghua.edu.cn
　　　　质 量 反 馈：010-62772015，zhiliang@tup.tsinghua.edu.cn
印 装 者：北京联兴盛业印刷股份有限公司
经　　销：全国新华书店
开　　本：170mm×240mm　　　印　　张：14.25　　　字　　数：209 千字
版　　次：2025 年 4 月第 1 版　　　印　　次：2025 年 4 月第 1 次印刷
定　　价：69.00 元

产品编号：099558-01

● 经验总结：全面归纳和整理笔者 20 多年的企业税务筹划实操经验。

● 经典案例：结合大量实例进行讲解分析，直接搭建自己的税务管理体系。

● 学习交流：笔者专门为本书开通公众号，以方便与想学习实操的读者交流。

这本书包括什么

本书的内容涵盖了税务筹划的以下方面：

一、税务筹划的基本概念、基本原理和基本方法。

二、企业在经营活动、投资活动、筹资活动中的税务筹划实务。

三、不同税种的税务筹划：企业所得税、个人所得税、增值税、关税等我国现行 18 个税种的筹划技巧。

四、税务筹划书的撰写及筹划实务等。

我们希望通过本书的引导，读者能够全面了解税务筹划知识体系，掌握实际操作技能，为企业创造更大的价值。

读者对象

● 零财务基础的老板

● 刚入职场的会计

● 财务主管

● 财税咨询机构工作人员

● 高校财税教学老师

● 财税实战专家

● 企业财务管理层人员

● 会计师事务所工作人员

● 税务师事务所工作人员

作者

◎ 时代背景

在经济全球化的今天，税务筹划已成为企业经营管理中不可或缺的一环。随着税收政策的不断调整和市场环境的日益复杂，如何合理、合法地进行税务筹划，降低企业税负，增加经济收入，已成为企业财税人员面临的重要课题。

在本书编写过程中，我们力求既具有专业性，又通俗易读。我们深入剖析了税务筹划的基本原理和原则，介绍了税务筹划的常用工具和技巧，同时结合实际案例，让读者能够轻松理解并应用于实际工作中。

◎ 笔者的体会

这本书是笔者 22 年实战经验的总结，献给中小微民营企业的老板和财务，希望大家能够通过此书掌握最基本的税务筹划知识和实战技巧。我们衷心希望《税务筹划一本通》能够成为广大财税实战专家和企业财税管理人员的得力助手，帮助他们在经济潮流中把握机遇，实现企业价值最大化。同时，我们也期待与读者探讨税务筹划的未来发展，共同推动财税领域的进步与繁荣。

当然，税务筹划并非一蹴而就的事情，它需要企业财税人员不断学习、实践和创新。因此，本书也鼓励读者在阅读过程中，结合自身实际情况进行思考和探索，形成自己的税务筹划理念和方法。

◎ 这本书的特色

- 通俗易懂：零基础学习，很容易理解运用。
- 内容新颖：书中大部分内容是财务与税务管理相结合的案例。

第1篇

税收筹划概述

本篇介绍了税务筹划的基本原理和原则，税务筹划的常用工具和技巧，同时结合实际案例，让读者能够轻松理解并应用于实际工作中。

第1章

什么是税务筹划

税务筹划是企业行使税收权利、优化资源配置、提升竞争力的正当手段。本章将从法理角度出发，为税务筹划正名，阐明其合理性和合法性。

▶ 1.1 税收筹划的概念

1.1.1 给税务筹划正名

税务筹划作为企业管理和财务决策的重要环节，长期以来在法理上一直备受关注和争议。然而，从法理角度来看，税务筹划不但合法合规，而且是企业行使税收权利、优化资源配置、提升竞争力的正当手段。

首先，税务筹划是企业行使税收权利的体现。税收是国家实施宏观经济调控、优化资源配置、实现社会公平的重要手段。企业在遵守税法的前提下，通过合理的税务筹划，可以充分利用税收政策的优惠、减免条款降低税收负担，提高经济效益。这是企业作为纳税人行使税收权利的正常行为，符合税收法定原则的要求。

其次，税务筹划有助于优化资源配置。税收是国家调节经济的重要手段之一，税收政策的制定和实施可以引导资源的合理配置和有效利用。税务筹划作为企业对税收政策的积极回应，可以帮助企业根据税收政策导向调整经营策略和投资方向，实现资源的优化配置。这不仅有利于企业的长期发展，还有助于推动整个社会的经济繁荣。

再次，税务筹划是企业提升竞争力的重要途径。在市场竞争日益激烈的今天，企业需要通过各种手段提升竞争力，以应对市场挑战。税务筹划作为降低企业成本、提高经济效益的有效手段，可以帮助企业在同等条件下获得更大的竞争优势。通过合理的税务筹划，企业可以优化财务结构，提高资金利用效率，从而增强市场竞争力。

最后，需要强调的是，税务筹划必须遵循合法合规的原则。税务筹划并非逃避税收的手段，而是在遵守税法的前提下，合理利用税收政策，减少税收负担。因此，企业在进行税务筹划时，必须遵守税收法律法规和相关政策规定，不得采取违法违规的手段来获取不正当的税收利益。同时，企业也应该加强税务风险管理，建立健全税务风险管理体系，确保税务筹划的合法性和合规性。

综上所述，从法理角度来看，税务筹划是企业行使税收权利、优化资源配置、提升竞争力的正当手段。它符合税收法定原则的要求，有助于推动企业长期发展和社会经济繁荣。因此，我们应该正视税务筹划的积极作用，为其正名，并鼓励企业在合法合规的前提下积极开展税务筹划活动。同时，政府和相关部门也应进一步完善税收政策和法规体系，为企业的税务筹划提供更加明确和有力的支持。

1.1.2　税收筹划的意义

企业进行税收筹划的意义重大且深远，不仅关乎企业的经济效益，还与企业的战略发展、市场竞争力以及合规经营等方面紧密相关。以下从多个维度阐述企业进行税收筹划的意义：

1.增加经济收入，降低成本压力

税收筹划是企业在遵守税法的前提下，通过合理安排经营活动和财务结构来降低税收负担、增加经济收入的有效手段。通过合理的税收筹划，企业可以在合法范围内减少税款的支付，增加可支配资金，从而为进一步发展提供更多的资金支持。这不仅有助于缓解企业生产经营成本压力，还有助于提高其盈利能力和市场竞争力。

2. 优化资源配置，提升运营效率

税收筹划有助于企业优化资源配置，提高运营效率。通过深入研究税收政策，企业可以了解税收优惠政策的具体内容和适用条件，从而有针对性地调整投资策略和经营决策。这不仅可以使企业更好地利用税收优惠政策降低税收成本，还可以引导企业优化产业布局和资源配置，提高整体运营效率。

3. 增强企业竞争力，应对市场挑战

在激烈的市场竞争中，企业需要通过各种手段提升竞争力，以应对市场挑战。税收筹划作为降低企业成本、提高经济效益的有效手段，可以帮助企业在同等条件下获得更大的竞争优势。通过合理的税收筹划，企业可以在合法合规的前提下降低税收负担，提高盈利水平，从而增强市场竞争力。

4. 提升风险管理能力，确保合规经营

税收筹划并非简单的避税行为，需要企业在遵守税法的前提下进行。因此，进行税收筹划的过程也是企业提升风险管理能力、确保合规经营的过程。通过深入研究税法规定和税收政策，企业可以更加清晰地了解税收风险点，并采取相应的措施进行防范和应对。这不仅可以降低企业的税务风险，还可以提升其合规经营水平，为长期发展奠定坚实基础。

5. 维系企业与政府部门的良好关系

合理的税收筹划体现了企业对税收政策的积极响应，这有助于企业与政府部门建立并维系良好的关系。通过遵守税法、合理利用税收优惠政策，企业可以向政府部门展示其诚信经营、积极履行社会责任的形象，从而获得政府部门的认可和支持。这种良好的关系有助于企业在未来获得更多的政策支持和市场机会。

综上所述，企业进行税收筹划具有多方面意义。它不仅可以提高经济效益、优化资源配置、增强企业竞争力，还可以提升风险管理能力、确保合规经营，

维系企业与政府部门的良好关系。因此，企业应该重视税收筹划工作，积极
开展相关研究和实践，以实现长期稳定发展。

▶ 1.2 税务筹划的前世今生

1.2.1　税务筹划的起源和发展

税收筹划的产生，最早可以追溯到 19 世纪中叶的意大利，那时意大利的
税务咨询业务中已存在税收筹划行为，意大利的税务专家地位不断提高，这
可以看作税收筹划的萌芽。税收筹划的正式提出始于美国财务会计准则，美
国财务会计准则委员会（FASB）在《SFAS109——所得税的会计处理》中首
次提出"税收筹划战略（Tax-planning Strategy）"的概念，并将其表述为："一
项目满足某种标准，其执行会使一项纳税利益或营业亏损或税款扣减，在到
期之前得以实现的举措。在评估是否需要递延所得税资产的估价准备及所需
要的金额时，要考虑税收筹划策略。"以上表述较为准确地说明了税收筹划
与税务会计的关系，尽管现代税收筹划的边界远远超出了 SFAS109 所定义的
范围，但税收筹划始终是税务会计的重要组成部分。

20 世纪这三个里程碑式的事件可以认为与税收筹划的起源有一定联系：
（1）1935 年，英国上议院议员汤姆林爵士针对"税务局长诉温斯特大公"一
案，作了有关税收筹划的重要声明："任何一个人都有权安排自己的事业，
如果依据法律所做的某些安排可以使自己少缴税，那么就不能强迫他多缴税。"
这一观点得到了法律界的普遍认同，税收筹划第一次得到法律的认可，成为
奠定税收筹划史上的基础判例。（2）1947 年，美国联邦大法官勒纳德·汉德
（Learned Hand）在法庭判决书中勇敢地为纳税人辩护："人们合理安排自己
的活动以降低税负，是无可指责的。每个人都可以这样做，不论他是富人，
还是穷人。纳税人无须超过法律的规定来承担国家税收。税收是强制课征的，
而不是自愿的捐款。以道德的名义来要求税收，纯粹是奢谈。"该判例成为
美国税收筹划的法律基石。（3）1959 年，欧洲税务联合会在法国巴黎成立，

当时由 5 个欧洲国家的从事税务咨询的专业团体和专业人士发起成立，后来规模不断扩大，其成员遍布英、法、德、意等 22 个国家。欧洲税务联合会明确提出"为纳税人开展税收筹划"是其服务的主要内容。

从历史逻辑角度分析，理性经济人假设是税收筹划产生的前提条件，私法自治原则是税收筹划产生的温暖土壤。税收法定主义确立了纳税人的税收筹划权，而私法自治使这种权利成为现实。因此，税收筹划是市场经济的必然产物，是纳税人具有法律意识的维权行为，体现着民主、正义、自由的税收契约精神。

自 20 世纪中期以来，税收筹划为世界上越来越多的纳税人所青睐，同时也成为中介机构涉税服务业务新的增长点。德勤、普华永道、毕马威、安永等国际四大会计师事务所纷纷进军税收筹划咨询业。据不完全统计，四大会计师事务所来自于税务咨询业务方面的收入占其总收入的半壁江山，其中税收筹划已经成为税务咨询业的重要构成内容。

税收筹划在我国起步较晚，这与我国市场经济的发展状况息息相关。已有税收筹划方案大多停留在"就税论税、单边筹划"层面，很多所谓的税收筹划方案并没有多少含金量，充其量只是依靠税收优惠或税制缺陷获取税收利益。筹划者较少考虑经济交易中其他契约方的利益诉求及非税成本的影响，当然也未从战略高度推进企业经营活动、业务流程与税收筹划模式的深度融合。

目前从事税收筹划实务的主要有两类人：一类是学院派，另一类是实务派。学院派从税收原理出发，结合税制要素和业务流程分析税收筹划的基本方法和技术，致力于揭示税法中存在的税收优惠待遇或"税收漏洞"（Tax loop-holes）。学院派偏向于税收筹划方法论的研究和运用，原理性强、逻辑结构严谨，但他们所设计的税收筹划方案与实际工作联系不够紧密，可操作性稍欠火候，在税收实务中往往需要结合具体情况进行验证。相反，实务派从一开始就注重税收筹划方案操作的可行性。他们从税收实务角度出发探索可行的税收筹划操作，并力求从这些税收筹划实践中总结出一些基本规律和方法。但是，实务派的税收筹划缺乏原理性分析和方法论基础，容易陷入"一事一议"的局限，特别是在税制变革时容易完全失效。

1.2.2　我国税务筹划的现状与未来

可以从以下几个方面来看。

（1）政策环境：我国政府一直在加强税收法制建设，不断优化税收政策环境，为税务筹划提供更加广阔的空间。税务筹划逐渐被社会所接受和认可，相关的税收法律法规政策也在不断完善，为税务筹划提供了更加规范和合法的平台。

（2）行业规模：我国税务筹划行业经历了快速的发展，市场规模不断扩大。越来越多的企业开始重视税务筹划，将其作为降低成本、提高效益的重要手段。

（3）技术应用：随着信息技术的发展，税务筹划的技术手段也在不断升级。越来越多的企业开始利用大数据、人工智能等技术进行税务筹划，提高筹划的效率和准确性。

（4）税务风险管理：随着税收政策的变化和政策复杂性的增加，税务风险管理成为企业必须面对的重要问题。企业需要加强税务风险意识，建立健全税务风险管理体系，确保税务筹划的合法性和合规性。

（5）未来趋势：未来，税务筹划将朝着更加智能化、专业化、精细化的方向发展。企业会更加注重税务筹划的个性化需求，应根据不同行业、不同企业的实际情况制订个性化的税务筹划方案。同时，税务筹划的技术手段也将不断创新，为企业的税务管理提供更加高效、便捷的服务。

总之，我国税务筹划在政策环境、行业规模、技术应用、税务风险管理等方面都取得了长足的进步，未来将朝着更加智能化、专业化、精细化的方向发展。

▶ 1.3 税收筹划的基本特征

1.3.1　税收筹划的前提条件

"合理"是税务筹划成功的前提要件。

最近听说这样一件事：某外商投资企业采取实报实销的方式，为外籍管理人员报销住房费用，每名外籍管理人员每月报销的费用超过 25 000 元。在税收检查中，主管税务机关认为该企业为外籍人员报销的住房补贴超过了合理标准，其中一部分不能享受免税待遇，需要补缴个人所得税。对此，该企业财务人员争辩："按有关法规的规定，外籍员工通过实报实销的方式取得的住房补贴可以免税，但法规并没有规定报销额度，所以我们认为只要外籍员工提供的发票是真实的，就应该免税。"税务机关不认可该企业财务人员的观点，坚持认为补贴额度不合理，必须补缴税款。

上述案例引出税收筹划中人们常说但一直没有很好阐述的问题：税收筹划要合理。

人们常说，税收筹划就是合理合法节税。税收筹划的合法性好理解，合理性就比较复杂了。"合理"的含义是什么？把握什么样的尺度才算合理？不合理的筹划会面临何种后果？对于这些问题，不同的人会有不同的看法和理解。虽然"合理"难以把握，但在税收筹划实践中又必须高度重视，正确处理，否则会使筹划陷入避税甚至逃税的泥潭。因为现在企业热衷的大部分税收筹划，是利用税收法律法规和政策对某些纳税事项没有规定，或者规定不明确，或者仅规定了大概幅度等情况，通过对经营和纳税的筹划、安排，使税负减轻。在这种类型的税收筹划中，税法规定不明确或者说存在弹性，既是税收筹划的切入点，同时也是纳税风险产生的根源。特别是近年来税务机关取消了众多纳税事项的行政审批，转为强化后续管理。企业对很多纳税事项可以依照规定自行处理，至于处理是否存在风险，只有在税务机关进行纳税检查或者进行所得税汇算清缴时才能发现，这对于长期依赖税务机关批件纳税的企业来说，纳税风险无疑增大了。前面提到的例子，就属于纳税人利用税法中对外企报销外籍人员住房补贴没有明确额度限制这个漏洞进行的筹划。其之所以失败，正是因为没有处理好"合理"这个问题。

那么，在税收筹划实践中应该如何处理"合理"这个问题呢？笔者认为，纳税人需要注意以下几个问题。

1.3.2　税收筹划的基本方法与步骤

首先，在税收筹划前，一定要准确清楚地把握政策是否真的存在弹性或漏洞。

例如，在新闻行业中曾经很流行一种避税方法：一些新闻单位把编辑、记者的报酬划分为两部分，一部分是基本的工资等收入，在纳税时按工资、薪金纳税；另一部分收入按稿费发放，按稿费纳税。这么做的目的：一是降低薪金、工资的数额，使其适用较低的税率；二是利用税法对稿费减征 30% 税额的规定，以稿酬的名义发放报酬可以少纳税。新闻行业真的可以这样处理吗？虽然税法中确实规定了稿费可以减征 30% 税额，编辑、记者发稿取得的收入也很像稿酬，但《国家税务总局关于个人所得税若干业务问题的批复》（国税函〔2002〕146 号）规定"任职、受雇于报纸、杂志等单位的记者、编辑等专业人员，因在本单位的报纸、杂志上发表作品取得的所得，属于因任职、受雇而取得的所得，应与其当月工资收入合并，按'工资、薪金所得'项目征收个人所得税"很明确地指出新闻单位的记者、编辑在本单位的报纸、杂志上发表作品取得的所得，不能按"稿酬所得"纳税。因此，新闻单位并不存在薪金可以转化为稿酬的税法漏洞或弹性，上述操作不属于筹划范围。

其次，关注地方性政策的合法性。

不少纳税人到某地投资经营，其中有些是冲着地方性的优惠政策去的。地方性的优惠政策种类很多，如何看待这些优惠政策是筹划中面临的重要问题。一般来讲，地方政府出台的没有国家法律法规及政策依据的优惠政策，比如承诺若干年内减免税等，基本没有可信性。有一些优惠政策，如果属于中央授权省级政府可自行制定的政策，只要省级政府出台了相关规定，纳税人就可以操作。比如，补充养老保险、补充医疗保险是目前企业谈论的热点话题。一些企业愿意为雇员缴纳补充养老保险、补充医疗保险，是认为二者能在税前扣除，可以减轻企业税负和个人税负。那么，补充养老保险、补充医疗保险真能在税前扣除吗？这涉及企业所得税和个人所得税问题。对于企业所得税，《国家税务总局关于执行〈企业会计制度〉需要明确的有关所得税问题的通知》（国税发〔2003〕45号）规定，企业为全体雇员按国务院或省级人民政府规定的标准缴纳的补充养老保险、补充医疗保险，可以在税前扣除。能否扣除的关键在于国务院或省级人民政府是否出台了相关政策，目前仅有少数试点省市有这方面的规定，因此能多扣除的地方不多。

最后，必须把握好尺度，不能滥用漏洞或弹性。

在一些税收文件中，往往会有"合理的支出和费用可以在税前扣除""相关费用可以税前扣除""采取实报实销方式支出的费用可以税前扣除"等规定，这些规定明显存在弹性或漏洞。那么，是否可以利用这些规定无限制地避税呢？

例如，有的地方规定，企业因生产经营需要为个人通信工具负担通信费，采取实报实销的不计入当月工资、薪金缴纳个人所得税。有的企业就"充分"利用这种规定，让雇员提供大量的通信费单据实报实销，抵扣其他费用报销，目的是规避个人所得税。这种做法税务机关肯定不会同意，不少企业因为以通信费名义向个人发放现金补助而受到查处。即使某些税务机关允许实报实销的通信费可以税前扣除，企业内部规定也有限额，超过限额就会被调查。

再如，按照有关规定，由于某些特定事件或原因，给纳税人本人或其家庭的正常生活造成一定困难，其任职单位从提留的福利费或者工会经费中向其支付的临时性生活困难补助可以免缴个人所得税。有些企业就利用这条规定，普遍性地给雇员发放"困难补助"，抵顶工资、薪金，以规避个税。这种做法肯定是不行的。

不可否认，一些地方的税务机关在执行税法时，会出现和国家统一规定不一致的现象。有些地方的规定对纳税人是有利的，纳税人在利用这些规定筹划税务时，事先需要了解清楚税务机关执法的尺度，明确掌握在何种限度内是被认可的，税务筹划的底线就是税务机关执法的上限。

▶ 1.4 逃税、避税、节税

逃税、避税和节税三者之间存在显著差别，但同时也有一定联系。

逃税是指纳税人故意违反税收法规，通过隐瞒收入、虚报支出等手段，使应纳税款减少的行为。逃税的目的是规避纳税义务，从而节省资金用于其他方面。逃税具有非法性和欺诈性，一旦被查实，将面临严重的法律后果。逃税不仅损害国家税收利益，还破坏了税收的公平性和社会秩序。

避税是指纳税人在不违背税法立法意图的前提下，通过对税法规定的了解和运用，采取一系列合法手段来减少或避免纳税义务的行为。避税具有非违法性、风险性、策划性、权利性和规范性等特点。避税操作需要纳税人具有较高的素质，通过对现行税法的了解与研究，找出其中的漏洞与空白之处，加以巧妙安排，达到规避或减轻税负的目的。避税存在一定风险，一旦利用不当可能被认定为逃税而受到制裁。

节税是利用税法中固有的起征点、减免税等一系列优惠政策，以最低的方式处理财务、经营和交易事项，从而合法地减少税收负担。节税的特点是合法性、利益享受、知识性和多样性。节税是在对政府制定的税法进行比较和分析后进行的最优选择，其结果证实了税法中优惠政策的立法意图。节税需要纳税人充分了解现行税法知识和财务知识，并结合企业实际情况进行全方位的筹资、投资和经营业务策划。

从联系上看，逃税、避税和节税都是纳税人在处理税收问题时可能采取的手段，它们都与税收法规和纳税义务有关。然而，在合法性、手段和目的上，三者存在显著差异。逃税是非法行为，避税是合法与非法之间的灰色地带，而节税则是完全合法的行为。在手段上，逃税通过隐瞒和欺诈来实现，避税利用了税法漏洞和空白，而节税则是利用税法中的优惠政策。在目的上，逃税和避税主要是为了减少税负，而节税则更侧重于实现税后利益最大化。

总的来说，逃税、避税和节税在财税领域有着不同的含义、特点和适用情境。作为纳税人，应遵守税法规定，依法纳税，同时也可以通过合法手段避税和节税，以实现企业经济效益最大化。

▶ 1.5 经济发展、税收征管与税务筹划

经济发展、税收征管与税务筹划之间存在着密切联系，它们共同构成了

财税领域的重要方面。

首先，经济发展是税收征管与税务筹划的基础。随着经济的不断增长和转型升级，税收作为财政收入的主要来源，其重要性日益凸显。经济发展水平直接影响税收的规模和结构，为税收征管提供了广阔的空间和可能。同时，经济的发展也催生了税务筹划的需求，企业和个人为了降低税负、提高经济效益，需要更加精细地进行税务规划和管理。

其次，税收征管是确保经济发展的重要保障。税收征管部门通过依法征税、强化税收监管和打击税收违法行为，维护税收的公平性和稳定性。这不仅有助于为国家提供稳定的财政收入，支持经济可持续发展，还能够促进资源的合理配置和市场的公平竞争。同时，税收征管也为企业和个人提供了规范、透明的税收环境，有利于激发市场主体的活力和创造力。

最后，税务筹划是经济发展与税收征管之间的桥梁和纽带。税务筹划是纳税人在法律允许范围内，通过对经营、投资、理财等活动的事先安排和选择，以达到减轻税负、提高经济效益的目的。科学的税务筹划有助于优化企业财务结构、提高资金利用效率，从而增强企业的竞争力和可持续发展能力。同时，税务筹划也能够促进税收政策的落实和完善，推动税收征管水平的提升和税收法治化建设。

综上所述，经济发展、税收征管与税务筹划三者之间相互依存、相互促进。在推动经济发展过程中，需要不断完善税收征管制度、提高征管效率，同时也需要鼓励和支持企业和个人进行合理的税务筹划，以实现税收与经济的良性互动和共同发展。

第 **2** 篇

企业经营中的税务筹划

本篇通过企业在生产经营活动、投资活动、筹资活动中的税务筹划，深入了解税务筹划的知识体系，用通俗易懂的生动案例帮助大家初步掌握税筹的实际操作技能。

第 2 章

企业筹资活动中的税务筹划

企业在设立、股权架构、合并、融资借款、清算等活动中有哪些环节可以筹划？如何进行合理的税务筹划？本章将通过通俗易懂的表述和生动的案例，帮助大家轻松掌握税务筹划的核心技巧和方法。

▶ 2.1 企业设立的税务筹划

税务筹划思路：通过纳税对象常见企业类型、各自优缺点比较筛选，利用纳税人企业类型的合理设置和架构，使纳税人承担的税负尽量降低到最小程度，或直接避免成为某类纳税人，达到合理合法规避企业税负的目的。

案例分析：不同类型企业税负差别大

我国常见企业类型如表 2-1 所示。

第一类是有限责任公司。

股东人数：1～50 人。责任：以其出资额为限承担有限责任。

注册资本：认缴制（一般不用实缴，可以将认缴期限写得足够长远，有有实缴要求的除外）。

优点：公司设立程序比较简单，不必发布公告，也不必公布账目，尤其是公司的资产负债表一般不予公开，公司内部机构设置灵活。

表 2-1　我国常见企业类型及其特点

主要类型			特　点
有限责任公司			以出资额为限承担有限责任
股份有限公司	上市		
	非上市		
个人独资企业			以个人财产承担无限责任
合伙企业	有限合伙		有限合伙人以出资额为限承担有限责任
	普通合伙	一般普通合伙	普通合伙人承担无限连带责任
		特殊普通合伙	

缺点：由于不能公开发行股票，筹集资金范围和规模一般都比较小，所以难以适应大规模生产经营活动的需要。

适用范围：一般适用于初创型企业。

第二类是股份有限公司。

发起人：2～200 人。责任：股东以其认购的股份为限承担有限责任。

注册资本：认缴制（一般不用实缴，可以将认缴期限写得足够长远，有有实缴要求的除外）。

优点：股份有限公司的设立有发起设立和募集设立两种，股份以股票的形式表现。股份有限公司可以广泛聚集社会闲散资金形成资本，聚集大量资金。这种方式不仅有利于公司的成长，还有利于筹资、分散投资者风险，后期可以选择上市。

缺点：公司设立和运行的程序比较严格、复杂；会分散公司控制权（应对措施：吸收股东进来时，可以签订同股不同权的协议，这样新股东进来享有的大部分都是分红权，而经营决定权还在自己手里），例如京东、华为。

第三类是个人独资企业。

个人出资运营、归个人所有和管理、个人承担运营风险和享有运营收益的企业。出资人以其个人财产对企业债款承担无限责任。

人数：1 人。责任：个人以其全部财产承担无限责任。

优点：所有权、控制权、经营权、收益权高度统一；企业的外部法律法规等对企业的经营管理、决策、进入与退出、设立与破产的制约较小。

缺点：因为个人资金终归有限，以个人名义借（贷）款难度较大，所以个人独资企业难以筹集大量资金。再加上企业主对企业负无限责任，在硬化了企业预算约束的同时，也带来了企业承担风险过大的问题，从而限制了企业向风险较大的部门或领域进行投资的活动，限制了企业的扩展和大规模经营，不利于企业发展。

第四类是合伙企业。

分为有限合伙企业和普通合伙企业。

有限合伙企业由有限合伙人和至少 1 个普通合伙人组成（有限责任 + 无限责任）；

普通合伙企业由普通合伙人组成（无限责任）。

普通合伙人以其个人财产承担无限连带责任，有限合伙人以其出资额为限承担有限责任。

人数：2 ～ 50 人。责任：有限责任或无限责任。

合伙事务的执行：有限合伙人不执行合伙事务，不得对外代表有限合伙企业。

优点：合伙企业不交企业所得税，只交个人所得税。

缺点：无限责任（当然如果管理得当，风险也是可以降低的）。

其他分类：

①按承担的责任类型：有限责任和无限责任。

②按是否盈利：营利性企业和非营利企业（社会团体、公益性组织等）。

③按公司之间的关系：母子公司和总分公司。

（1）母子公司。

母公司最基本的特征，不在于是否持有子公司的股份，而在于是否参与子公司的业务经营。子公司具有独立法人资格，拥有自己所有的财产，自己的公司名称、章程和董事会，对外独立开展业务和承担责任。涉及公司利益的重大决策或重大人事安排仍由母公司决定。

通俗地讲，母、子公司就相当于两家公司，有各自独立的法人资格，各自承担民事责任。

（2）总分公司。

总公司具有企业法人资格的总机构。总公司通常先于分公司而设立，在公司内部管辖系统中，处于领导、支配地位。分公司是指在业务、资金、人事等方面受本公司管辖而不具有法人资格的分支机构。分公司不具有法律上和经济上的独立地位，但其设立程序简单。

通俗地讲，总分公司就是一家公司，总公司具有法人资格，分公司不具有法人资格。

在这里，我推荐一个适合长远发展、减少风险的公司设置模式：设立一家有限合伙企业，控制一家股份有限公司。盈利企业多占股，亏损企业少占股。一般我们所说的控制，就是在股东大会或董事会上具有 2/3 以上表决权。

一般用股份表示，66.7% 以上就是绝对控股，51% 相对控股，低于 50% 属于参股。还有一种就是同股不同权，某些公司可以利用极少的股份控制整个公司。

比如你可能只占有 5% 的股份，但是你能控制公司，因为转让股权时，你可以通过协议规定，你这 5% 的股份相当于 2/3 以上的表决权。前提是你有绝对的话语权，参股股东才会同意，毕竟大多数参股股东的目的就是分红，至于谁控制公司，他们不是那么在乎。

税务筹划结论

利用纳税人企业类型的合理设置和架构，使纳税人承担的税负尽量降低到最小程度，或直接避免成为某类纳税人。

个体工商户、独资企业和合伙企业的经营所得，以每一纳税年度的收入总额减除成本、费用以及损失后的余额为应纳税所得额，计算缴纳个人所得税而不需要缴纳企业所得税。法人企业按照税法要求需要就其经营利润缴纳企业所得税，若法人企业对自然人股东实施利润分配，还需要缴纳 20% 的个人所得税。

例如合伙企业，不缴企业所得税，只缴个人所得税。合伙企业持有上市公司股权可以减半缴纳股息利息红利个人所得税。居民企业之间控股分红免缴企业所得税等。

▶▶ 2.2 企业注册地的税务筹划

企业注册地的税务筹划复杂且需要细致考虑，涉及因素众多，包括但不限于当地税收政策、企业业务类型、税务法规等。下面，通过一个实际案例来详细介绍企业注册地的税务筹划。

案例背景

假设有一家科技初创公司，其主要业务是研发和销售智能硬件产品。由于初创阶段资金压力较大，公司希望能够通过税务筹划来降低税负，提高资金利用效率。

税务筹划步骤

（1）选择合适的注册地：经过市场调研和税务分析，该科技初创公司发现某地的税收政策对科技类企业特别友好，不仅有研发费用加计扣除政策，还有对新注册科技企业的税收减免政策。因此，公司决定将注册地设在该地。

（2）利用税收优惠政策：公司充分利用了注册地的研发费用加计扣除政策，将研发费用的实际支出按照更高的比例在计算应纳税所得额时扣除，从而减少了应纳税额。此外，由于公司是新注册的科技企业，还享受了一定年限的税收减免优惠。

（3）合理规划企业架构：考虑到未来可能涉及的跨地区经营和资本运作，公司设立了多个子公司，并合理规划了股权结构和业务分工。通过这种方式，公司可以更有效地利用不同地区的税收优惠政策，降低整体税负。

（4）寻求专业税务咨询：为了确保税务筹划的合规性和有效性，公司聘请了专业的税务咨询机构。这些机构不仅提供了详细的税务筹划方案，还帮助公司处理了与税务部门的沟通和协调工作，确保公司在享受税收优惠的同时，不违反相关法规的要求。

案例总结

通过选择合适的注册地、利用税收优惠政策、合理规划企业架构以及寻求专业税务咨询等方式，该科技初创公司成功地降低了税负成本，提高了资金利用效率。这不仅有助于公司的长期发展，还为其在激烈的市场竞争中赢得了更大的优势。

需要注意的是，每个企业的具体情况和所处环境有所不同，因此在进行税务筹划时需要根据实际情况具体分析和策划。同时，企业也需要保持对税收政策变化的关注，及时调整税务筹划策略，以确保其持续有效。

2.3 企业合并分立的税筹方案

案例分析：拆分业务、组建公司降低税负
税务筹划思路

基于对纳税对象业务流程的分析，结合实际情况及需要进行业务组的拆解或重组，以创造价值为导向，进行纳税筹划方案设计，达到合理合法规避企业税负的目的。

企业基本信息

长江能源公司是一家大型国有企业，主要从事煤气的生产与销售。近年来，企业一直处于微利状态。为了能使该公司轻装上阵，进一步扩大劳动力就业，上级主管部门决定对其实行改制。改制前，当地主管税务机关对其进行清算检查，发现该企业为增值税一般纳税人，2004 年收取的管道煤气初装费为 1 000 万元（含税价），成本费用 500 万元（含税价），其中外购材料、劳务取得增值税专用发票标明的进项税额 45 万元。该公司适用城建税税率 7%、教育费附加 3%、所得税税率 25%（为了简化分析过程，不考虑其他经营业务、资金时间价值和印花税对税负与经济效益的影响）。

长江能源公司将取得的煤气初装费收入与煤气销售收入分别核算。煤气初装费按《建筑业》税目缴纳营业税，取得的与其相关进项税未作抵扣，企业根据有关规定计算缴纳营业税金及附加合计 33[1 000×3%×（1 + 7% + 3%）]万元。税务机关要求该公司将取得的煤气初装费按 13% 的税率补缴增值税：1 000/（1 + 13%）×13 % = 115.04（万元）。对于进项税额 45 万元，根据《国家税务总局关于增值税一般纳税人取得防伪税控开具的增值税专用发票进项

税额抵扣问题的通知》（国税发〔2003〕17号），公司因未在规定期限内到税务机关认证，已超过税法规定的抵扣期限，税务机关不予抵扣。

适用政策

管道煤气集资费（初装费）的征税，国家税务总局及财政部目前有两个文件。一是《国家税务总局关于管道煤气集资费（初装费）征收有关问题的批复》（国税函〔2002〕105号）规定："管道煤气集资费（初装费），是用于管道煤气工程建设和技术改造，在报装环节一次性向用户收取的费用。根据现行营业税政策规定，对管道煤气集资费（初装费）应按《建筑业》税目征收营业税。"二是《财政部、国家税务总局关于营业税若干政策问题的通知》（财税〔2003〕16号）规定："燃气公司和生产、销售货物或提供增值税应税劳务的单位，在销售货物或提供增值税应税劳务时，代有关部门向购买方收取的集资费[包括管道煤气集资款（初装费）]、手续费、代收款等，属于增值税价外收费，应征收增值税，不征收营业税。"对有关文件进行深入分析后，上述政策可以理解为：在报装环节一次性收取的费用应纳营业税，在以后销售货物或提供增值税应税劳务时分次收取的应视为价外收费，征收增值税。

长江能源公司应当将初装费区分为"报装环节"和"销售货物或提供增值税应税劳务"两个环节分别核算，并与主管税务机关就该问题进行充分探讨、协商。在取得税务机关认可的前提下，分别缴纳营业税或增值税。上述初装费在不同环节收取，缴纳的税种是不同的，而认定的主动权一般在税务机关。

税务筹划过程

为了降低操作风险，公司聘请某税务咨询公司的专家为其筹划。考虑到长江能源公司正在酝酿企业改制，方案未定，专家针对原公司经营范围和上述1000万元初装费的问题进行分析：如果缴纳营业税，则企业可以获得利润467（1 000-500-33）万元；如果缴纳增值税，公司可以获得的利润为429.96[1 000/（1 + 13%）-（500-45）]万元。经过比较，专家给企业作了如下筹划方案：

长江能源公司根据企业改革发展的要求和专业化分工原则进行结构调整，创办面向市场、独立核算、自负盈亏、产权主体多元化的法人经济实体——黄河物业公司和长江能源公司：由黄河物业公司经营各种管道（供水、供电、供气）的安装、维修、保养以及长江能源公司原有房产、职工房产的维修等业务；长江能源公司经营原来的主业，即煤气的生产、销售业务。经过这样筹划，新成立的黄河物业公司成了理所当然的营业税纳税人，煤气初装费由长江能源公司收取变更为由物业公司收取，物业公司收取的初装费就可以名正言顺地按"建筑业"税目缴纳营业税，避免了初装费被税务机关当作增值税价外收费征收增值税的风险。

注意事项

国税函〔2002〕105 号和财税〔2003〕16 号两个文件都是关于管道煤气初装费的税收界定，但两个文件对初装费的收取环节有不同的描述。一个强调在"报装环节"，另一个认定为"销售货物或提供增值税应税劳务时"。而在现实生活中，供水、供电、供气部门对初装费的收取确实存在以下不同情况：一是随同水电气费分次收取，即安装时不另行收费；二是房地产开发时一次性向房地产开发公司收取，房屋售出后再由房地产公司分别向住户收取；三是居民入户时向居民一次性收取。在实际操作中，企业应该根据具体情况及时向当地税务机关咨询，确定哪些情况属于报装环节，哪些情况属于销售或提供增值税应税劳务环节，避免因概念不清而增加税收成本。

筹划点评

以上是一起典型的税务筹划案例，其适用的税种、税率、税收政策可能已经过时，但税筹思想依然有借鉴价值。

▶ 2.4 负债筹资的税务筹划

企业负债筹资的税务筹划是一个重要的财务决策，需要考虑的因素包括负债的利息费用、偿还责任、税收优惠和抵税效应等。下面通过一个实际案例来详细介绍企业负债筹资的税务筹划。

案例背景

假设有一家制造企业，目前资金需求较大，需要通过筹资来解决资金问题。该企业有几种筹资方式可以选择，包括股权筹资、债务筹资、混合筹资等。为了降低税负成本，该企业决定进行负债筹资的税务筹划。

税务筹划步骤

（1）确定负债类型和期限：该企业根据自身经营状况和财务结构，选择了合适的债务类型和期限。例如，短期借款可以随时偿还，适用于短期资金需求；长期借款则适用于长期资金需求，可以为企业提供稳定的资金来源。

（2）选择合适的利息支付方式：利息支付方式会影响企业的税前扣除金额和应纳税所得额的计算。企业可以选择分期支付利息的方式，减少一次性支付的税负压力。同时，选择符合税收优惠政策的利息支付方式，如国家鼓励科技创新、节能环保等方面的政策，可以享受更多的税收优惠。

（3）合理规划利息费用分摊：该企业可以根据自身的经营状况和资金需求，合理规划利息费用的分摊比例，以充分利用税收抵扣政策。例如，可以将部分利息费用在所得税前全额扣除，以降低税负成本。

（4）与税务部门沟通协调：该企业需要与税务部门保持密切沟通，了解最新的税收政策和规定，确保负债筹资的合法性和有效性。同时，该企业需要与税务部门共同制订纳税计划，确保能够按时足额缴纳税款。

（5）关注债务偿还责任：该企业需要关注债务的偿还责任，确保能够按时偿还债务本金和利息，避免因债务违约而产生的法律风险和信誉损失。同时，该企业可以通过债务重组等方式优化债务结构，降低债务风险和成本。

案例总结

通过合理的负债筹资安排和税务筹划，该制造企业成功地降低了税负成本，提高了资金利用效率。这不仅有助于企业的长期发展，还为其在市场竞争中赢得了更大的优势。

需要注意的是，税务筹划是一个复杂的过程，需要综合考虑各种因素。企业在进行负债筹资决策时，需要充分了解当地的税收政策和法规，并寻求专业的税务咨询意见，以确保税务筹划的合规性和有效性。

▶ 2.5 权益筹资的税务筹划

企业权益筹资过程中的税务筹划主要涉及对发行股票、留存收益筹资等权益筹资方式的税务管理。这些策略旨在降低企业税务成本，优化资金结构，同时确保筹资活动的合规性。

首先，对于发行股票的税务筹划，企业需要考虑发行股票的资金成本，以及股票发行过程中产生的评估费、发行费、审计费、公证费等中介费用的税务问题。此外，企业还可以利用税收优惠政策进行税收筹划，例如选择符合条件的低税率区域和产业进行投资。

其次，留存收益筹资的税务管理也是一个重要的环节。企业通过留存收益筹资可以避免收益向外分配时存在的双重纳税问题，有助于降低税务成本。同时，企业可以合理利用企业组织形式和税法、税务文书的规定进行税务筹划，以进一步降低税负。

最后，企业在权益筹资过程中还可以利用财务会计制度进行税务筹划，通过转移税收负担来降低税务成本。同时，在进行税务筹划时，企业需要确保所有活动都在法律允许的范围内进行，并遵守税法规定，避免违反税收法律规定而带来的风险。

总的来说，企业权益筹资过程中的税务筹划是一个复杂而重要的工作。企业需要充分了解当地的税收政策和法规，结合自身经营情况和资金需求，制定合理的税务筹划策略，以降低税务成本、提高资金利用效率，并确保筹资活动的合规性。同时，企业也需要密切关注税收政策的变化，及时调整税务筹划策略，以适应不断变化的市场环境。

▶ 2.6 企业破产清算中的税务筹划

企业破产清算中的税务筹划需要考虑税收法规、企业的负债状况、税收优惠等。以下是一些具体的税务筹划策略。

（1）选择合适的税务清算方案：根据企业的实际情况选择合适的税务清

算方案，比如拥有较多固定资产的企业，可以采用有形资产变现方式来抵消部分负债。

（2）利用税收优惠政策：破产企业可以合理利用国家的相关税收优惠政策，比如资源综合利用企业的所得税优惠等，来减轻税收负担。

（3）债务清偿顺序：根据企业破产的实际情况，合理安排债务清偿顺序，以便尽可能地减轻税负。

（4）利用关联企业转移资金：在破产清算过程中，可以利用关联企业的资金支持，转移部分债务负担，以减轻税收负担。

（5）合理利用财务会计制度：在破产清算过程中，企业可以利用合理的财务会计制度，如推迟清算时间、利用折旧等费用扣除政策等，来减轻税收负担。

需要注意的是，在进行税务筹划时，企业需要遵守税收法规，确保所有活动都在法律允许的范围内进行。同时，企业需要密切关注税收政策的变化，及时调整税务筹划策略，以适应不断变化的市场环境。此外，企业还需要考虑税务筹划的成本效益，确保税务筹划能够为企业带来实际的经济效益。

▶ 2.7 家族企业架构的税务筹划

家族企业架构设计的税务筹划需要考虑的因素包括企业的组织形式、股权结构、业务模式、税收优惠等。以下是一些具体的税务筹划策略。

（1）选择合适的组织形式：家族企业可以根据自身的业务特点和税收需求，选择合适的组织形式，比如有限责任公司、合伙企业、个人独资企业等，不同的组织形式有不同的税收待遇。

（2）优化股权结构：家族企业可以通过股权结构的优化降低整体税负。比如，可以通过股权激励员工，将员工的个人所得税与企业所得税分开缴纳，以此降低企税负。

（3）合理利用税收优惠：家族企业可以合理利用国家的相关税收优惠政策，比如高新技术企业的所得税优惠等，来减轻税收负担。

（4）建立合理的业务模式：家族企业可以通过建立合理的业务模式，比如将部分业务外包给其他企业，来减轻税收负担。同时，企业还需要关注税收政策的变化，及时调整业务模式，以适应不断变化的市场环境。

需要注意的是，在进行税务筹划时，家族企业需要遵守税收法规，并确保所有活动都在法律允许的范围内进行。此外，家族企业还需要考虑税务筹划的成本效益，确保税务筹划能够为企业带来实际的经济效益。同时，企业应该重视培养专业的税务人才，以便更好地进行税务筹划和管理。

第 3 章

企业经营活动中的税务筹划

企业在采购、生产、销售、产品定价、公益捐赠等经营活动中有哪些环节可以筹划？如何进行合理的税务筹划？本章将通过通俗易懂的表述和生动的案例，帮助大家轻松掌握税务筹划的核心技巧和方法。

▶▶ 3.1 采购业务中的税务筹划

在企业采购业务中，税务筹划是一项关键任务，可以有效降低企业的税收负担，增加整体经济收入。以下是针对企业采购业务中的一些税务筹划建议。

（1）合理选择供应商：优先选择能够提供增值税专用发票的供应商，以充分利用进项税额抵扣政策降低采购成本。同时，要关注供应商的纳税信用等级，避免因供应商纳税问题而带来的税务风险。

（2）优化采购结构：根据企业实际情况，合理规划采购结构，将不同税率、不同税收优惠政策的商品或服务进行合理搭配，以达到降低整体税负的目的。

（3）利用税收优惠政策：关注国家和地方政府发布的税收优惠政策，如针对特定行业、特定产品的税收减免或退税政策，及时申请享受相关优惠，降低采购成本。

（4）合理安排采购时间：根据企业的生产和销售计划，合理安排采购时间，以充分利用资金的时间价值，同时避免延迟纳税带来的税收负担增加。

（5）规范发票管理：建立完善的发票管理制度，确保采购发票真实、合法和完整。及时认证和抵扣进项税额，避免漏抵、错抵等情况发生。

（6）加强内部沟通与协作：税务筹划需要企业内部各部门紧密协作，包括采购、财务等部门。加强部门间的沟通与协作，以确保税务筹划方案顺利实施。

需要注意的是，税务筹划应遵循合法合规的原则，不得采用违法手段避税。同时，税务筹划应与企业整体战略相协调，以实现企业的长期稳定发展。

此外，企业可以定期进行税务风险评估和税务审计，以发现潜在的税务风险并及时采取措施进行防范和纠正。同时，加强税务人员的培训和教育，提高他们的专业素养和税务筹划能力，也是提升企业税务筹划水平的有效途径。

▶ 3.2 生产过程中的税务筹划

案例分析：分次维修，减少纳税

在激烈的市场竞争中，为了增强竞争力，企业一方面要对房屋、建筑物进行维修，以改善办公环境；另一方面要对机器、机械设备、电子设备以及其他固定资产进行维修，以提高生产效率，扩大再生产。但企业维修固定资产的支出并非都可以在税前扣除，税法对固定资产维修费支出有严格的限制。所以，企业要对固定资产维修费进行税收筹划，否则既不利于企业资金周转，也不利于企业今后的发展，甚至会给企业带来不应有的经济损失。

最近，某地国税部门在对某企业进行税收辅导时，发现该企业由于不熟悉税收政策的规定，遭受了不必要的经济损失。

事情是这样的：该企业是一家拥有 500 多名职工、3 000 多万元资产的国有工业企业。2003 年 1 月 8 日，企业开始对办公楼进行维修，在 3 月 31 日以前全部完工，支付全部维修费用 120 万元。该企业向税务机关咨询，这笔维修费用能否在缴纳企业所得税前扣除。

税务人员到该企业实地了解情况，翻开该企业的固定资产台账，发现该办公楼原始价值为 380 万元，折旧年限为 20 年，目前已使用 8 年。于是告诉该企业负责人，该笔维修费不能一次性在税前扣除，只能增加房屋的固定资产原值，通过提取折旧费的方式逐年扣除。原因何在？

《企业所得税税前扣除办法》（国税发〔2000〕84 号）第 31 条规定：纳税人的固定资产修理支出可在发生当期直接扣除。纳税人的固定资产改良支出，如有关固定资产尚未提足折旧，可增加固定资产价值；如有关固定资产已提足折旧，可作为递延费用，在不短于 5 年的期间内平均摊销。符合下列条件之一的固定资产修理，应视为固定资产改良支出。

（1）发生的固定资产修理支出达到固定资产原值 20% 以上。

（2）经过修理后，有关资产的经济使用寿命延长两年以上。

（3）经过修理后的固定资产被用于新的或不同的用途。

根据以上规定，该企业维修房屋的费用为 120 万元，占固定资产原值的 31.58%，明显属于改良支出，维修费用只能增加固定资产原值。那么，有什么办法可以使维修费用在税前扣除呢？税务人员告诉该企业财务负责人，如果当初企业进行税收筹划，把这项办公楼维修工程分两期进行，就可以节约税收成本。

税收筹划的方案：第一期维修工程在 2003 年 3 月 31 日前完工，把维修费控制在 76 万元以内；第二期维修工程 44（120-76）万元可在 2004 年初进行。假设该企业 2003 年未扣除该项固定资产折旧和修理费的应纳税所得额为 200 万元，在不考虑固定资产残值的情况下，这样处理后企业缴纳所得税的情况会发生明显变化。

按照原来的维修方案，该企业 2003 年 3 月 31 日以前完成该项固定资产修理工程，修理费总共为 120 万元。修理费为固定资产原值的 31.58%，已超过 20% 的比例，这 120 万元应记入固定资产原值，则该企业 2003 年提取该项固定资产的折旧为：

前 3 个月按原固定资产价值提取折旧费为：380÷20×3/ 12 = 4.75（万元），后 9 个月按新的固定资产价值提取折旧费为：（380-380÷20×8+120）÷12×9/12= 21.75（万元），两项合计 26.5 万元。那么该企业 2003 年应纳企业所得税为：（200-26.5）×33% = 57.255（万元）。

如果分两次维修，该企业 2003 年 3 月 31 日前完成第一期修理工程，修理费为 76 万元；2004 年 3 月 31 日前完成第二期修理工程，修理费为 44 万元。由于 2003 年该项固定资产修理费为固定资产原值的 20%，所以该企业 2003 年的固定资产修理费可全额在所得税前直接一次性扣除，那么，该企业 2003 年应提取的折旧为：380÷20 = 19（万元），应纳企业所得税（200-19-76）×33% = 34.65（万元）。

通过比较，可以看出，该企业 2003 年维修该项固定资产，分次维修少纳企业所得税 22.605 万元。

下面再来看一看 2004 年的企业所得税情况。

假设该企业 2004 年未扣除该项固定资产修理费、折旧费的应纳税所得额仍为 200 万元，那么按该企业原来的维修方式，应提的折旧为：（380-380÷20×8+120）÷12 = 29（万元），2004 年应纳企业所得税（200-29）×33% = 56.43（万元）；分两次维修，应提折旧为 19 万元，再扣除 44 万元维修费用，2004 年应纳企业所得税（200-19-44）×33% = 45.21（万元）。

从 2004 年的纳税情况对比可以看出，分次维修少纳企业所得税 11.22 万元。

所以，综合两年的情况，分次维修比一次性维修划算得多。

3.3 销售过程的税务筹划

案例分析："联营"转自营超市管理费不纳增值税
税务筹划思路
通过纳税对象合作经营方式的调整，即将超市原自营 + 联营方式调整为自营模式，规避企业联营模式下对管理费征税，达到合理合法规避企业税负的目的。

基本情况

某市有一中型超市，属增值税一般纳税人，年销售收入约 5 000 万元。超市企业所得税实行核定征收，增值税由纳税人自行申报缴纳。

该超市主要经营方式有两种：自己经营和组织商家（或个人）经营。自己经营，即超市自己组织货源，自行保管，自行销售，按销售收入减除购进商品进价作为自己的经营毛利。组织商家（或个人）经营，即超市与商家（或个人）签订联营协议，规定由超市提供场地和经营便利，商家（或个人）组织货源，自行定价销售，自己向客户开具发票，自负盈亏。但商家（或个人）在超市内的所有商品，均以超市名义销售，由超市统一收取销售商品货款。双方约定，商品销售前，商品的所有权不属于超市，仍然属于商家（或个人），商品的主要风险也由商家（或个人）承担；商品销售后，超市按照销售收入的一定比例收取管理费用，扣除规定比例的费用后，超市再将售货款余额返给商家（或个人）。2019 年，联营业务共取得销售收入 2 300 万元，超市按销售收入的不同比例共计收取差价 340 万元。2020 年初，该市税务部门对该超市进行税务检查时，提出要对超市收取 50 余户联营商家的 340 万元收入依据不动产租赁税率征收增值税及相关税费 31.44 万元，并对其不进行纳税申报行为进行处罚。为此，超市认为，根据《国家税务总局关于商业企业向货物供应方收取的部分费用征收流转税问题的通知》（国税发〔2004〕136 号）文件规定，与销售收入挂钩的收入不应该征收增值税。该文规定：对商业企业向供货方收取的与商品销售量、销售额挂钩（如以一定比例、金额、数量计算）的各种返还收入，均应按照平销返利行为的有关规定冲减当期增值税进项税金，不征收增值税。

税务部门却认为超市的实际情况并不适用该文件规定，主要理由为：商家（或个人）的商品所有权不属于超市，商品的主要风险与超市无关，因此，商家不是超市的供货单位。同时，商家与超市的结算是按扣除管理费用后的内部结算单支付，商家与超市也没有形成平销行为，超市也就不可能冲减当期进项税金。虽然超市收取的收入与商品销售额挂钩，但由于前面所述原因，这部分收入显然不属于文件规定的平销返利。

那么，税务部门征收增值税的依据又是什么呢？税务部门认为，根据实际情况反映，超市按销售收入所获得的收益，是超市将自己的部分资产（场地、营业许可等）出包、租赁给商家（或个人）而收取的承包管理、租赁性质的费用，应按《财政部、国家税务总局关于增值税若干政策问题的通知》（财税〔2003〕16号）文件的规定征收增值税。该文规定：双方签订承包、租赁合同（协议），将企业或企业部分资产出包、租赁，出包、出租者向承包、承租方收取的承包费、租赁费按"服务业"不动产租赁税目征收增值税。出包方收取的承包租赁费凡同时符合以下三个条件的，属于企业内部分配行为不征收增值税：承包方以出包方名义对外经营，由出包方承担相关的法律责任；承包方的经营收支全部纳入出包方的财务会计核算；出包方与承包方的利益分配是以出包方的利润为基础。由于超市与商家双方之间的"联营"事实关系不符合以上条件，虽然商家（或个人）以超市名义经营，但商家（或个人）自己承担相关的法律责任，承包方的经营收支也只是部分纳入出包方的财务会计核算；出包方与承包方的利益分配是以承包方的销售收入为基础核算。所以，超市收取商家（或个人）的费用应该视同承租费用，按照"服务业"不动产租赁征收增值税。

由此可见，税务部门征收增值税的认定是有充分依据的。

税务筹划过程

超市要想使"联营"中获取的差价不被征收增值税，只有将"联营"方式转为"自营"方式，将内部结算关系变为购销关系，即超市与商家（或个人）结算时，要求商家（或个人）开具符合税务规定的进货发票，而且财务上也要按照正常的购销进行核算。为了减少超市的购货风险，可以约定将滞销商品无条件退货，同时不改变在销售商品以后结算货款的规定。

税务筹划点评

自营方式将内部结算关系变为购销关系，经营模式的改变使原本的征税行为对象消失在无形中，此即税务筹划的魅力。这也是对税法征税对象的精准理解。

注意事项

商家（或个人）的采购渠道是否规范，能否统一开具增值税进项发票需要进行事前调研摸底；原联营合同转变为购销合同，具体的合同文本、条款、法律风险需要专业法律专家把关，结合具体的业务性质、税种，依据具有时效性的税收法规进行筹划。同时，兼顾筹划成本与效益，切记不可粗暴地生搬硬套，机械地照搬照抄。

 ## 3.4 产品定价中的税务筹划

产品定价中的税务筹划是企业在制定产品价格时考虑税收因素，通过合理安排产品价格和税负，以达到降低企业税负、提高经济效益的目的。以下是一些针对产品定价中的税务筹划的建议。

（1）考虑税率差异：根据不同地区的税率差异，合理规划产品价格，以降低企业整体税负。例如，可以选择在低税区设立生产基地或销售渠道，以降低整体税负。

（2）合理利用税收优惠政策：关注国家和地方政府发布的税收优惠政策，将产品价格与税收优惠相结合，以达到降低税负的目的。例如，对于环保、节能、清洁能源等符合国家政策方向的产品，可以申请相应的税收优惠。

（3）合理搭配产品成本：根据产品成本结构合理搭配各种成本费用，以达到降低税负的目的。例如，通过合理安排人工成本、材料成本、税金等成本费用，以实现整体税负的降低。

（4）考虑税收抵扣项：在产品定价中，考虑税收抵扣项，如增值税进项税额、企业所得税前可抵扣的各项费用等，合理规划产品价格，以充分利用税收抵扣政策，降低企业税负。

（5）合理安排税收负担：在产品定价中，充分考虑企业的整体经营状况和税收负担，避免因产品价格过高而导致销售受阻，同时也应避免因产品价格过低而导致利润损失。

需要注意的是，税务筹划应遵循合法合规的原则，不得采用非法手段避税。

同时，企业应加强内部沟通与协作，确保税务筹划方案顺利实施。

▶ 3.5 利润分配中的税务筹划

税务筹划思路：纳税人在某些时候放弃法律规定可以享有的权利，也可以获得更多的税收经济收益，即纳税筹划并不都是对税收优惠政策的充分运用，某些时候恰恰要放弃税收优惠政策。

案例分析：弥补亏损有诀窍

企业基本信息：某小企业 2020 年发生亏损，经当地税务机关认定，其实际发生的税收亏损额为 125.7 万元。2021 年，该企业经过税务机关认定后的应纳税所得额为 192.6 万元。2022 年企业预计应纳税所得额 314.2 万元。

税务筹划过程

方案一：2021 年企业财会人员按照现行税收政策的规定，报主管税务机关审批后弥补 2020 年的亏损 125.7 元。2021 年弥补亏损后的应纳税所得额为 66.9（192.6-125.7）万元，按照 2021 年税法规定的 2.5% 的税率应缴纳企业所得税计 1.672 5（66.9×2.5%）万元。

2022 年按照税法规定的 25% 的税率计算缴纳企业所得税计 78.55（314.2×25%）万元，该企业 2020 年至 2022 年累计缴纳企业所得税 80.222 5（0+1.672 5+78.55）万元。

方案二：其实企业弥补亏损的上述方案并不是最佳的。对该纳税人来讲，也可以选择进行纳税筹划，以达到减少纳税、获取更多收益的目的。其纳税筹划方案也很简单，即企业放弃用 2021 年的应纳税所得额弥补 2020 年的亏损，而全部用 2022 年的计税所得进行亏损弥补。

如果选择这一方案，纳税人 2021 年应当缴纳的所得税为 9.63（192.6×5%）万元，2022 年应当缴纳所得税为 9.425[（314.2-125.7）×5%] 万元。

2020 年至 2022 年纳税人实际缴纳的所得税合计为 19.055（9.63 + 9.425）万元。与企业的实际处理结果相比，进行纳税筹划将少缴纳所得税 61.167 5（80.222 5-19.055）万元。

税务筹划结论

方案二与方案一相比，少缴纳所得税 61.167 5 万元。因此，企业放弃用 2021 年的应纳税所得额弥补 2020 年的亏损，而全部用 2022 年的计税所得进行亏损弥补。

税务筹划点评

从这一案例中我们可以发现，纳税人在某些时候放弃法律规定可以享有的权利，反而可以获得更多的税收经济收益，即纳税筹划并不都是对税收优惠政策的充分运用，某些时候恰恰需要放弃税收优惠政策。

注意事项

这种纳税筹划对纳税人的要求较高，即要求纳税人能够对未来 3 年至 5 年内的经营成果有比较准确的预测。企业应纳税所得额小于 100 万元，大于 300 万元，这 2 个数据节点要把握好。这也是本次税务筹划的关键点。企业所得税征收的具体优惠政策（2022 年）：

《中华人民共和国企业所得税法》第二十八条，以及《国家税务总局关于实施小型微利企业普惠性所得税减免政策有关问题的公告》（国家税务总局公告 2019 年第 2 号）第一条、第二条：自 2019 年 1 月 1 日至 2021 年 12 月 31 日，对小型微利企业年应纳税所得额不超过 100 万元的部分，减按 25% 计入应纳税所得额，按 20% 的税率缴纳企业所得税；对年应纳税所得额超过 100 万元但不超过 300 万元的部分，减按 50% 计入应纳税所得额，按 20% 的税率缴纳企业所得税。

国家税务总局 2021 年第 8 号：

2021 年 1 月 1 日至 2022 年 12 月 31 日，小微利企业年应纳税所得额不超过 100 万元的部分实际缴纳企业所得税 2.5%。

2019 年 1 月 1 日至 2021 年 12 月 31 日，小微企业年应纳税所得额超过 100 万元但不超过 300 万元的，实际缴纳企业所得税 10%。两会明确规定，小微企业年应纳税所得额超过 100 万元但不超过 300 万元的，实际税负从 10% 到 5% 不等。

小型微利企业是指从事国家非限制和禁止行业，且同时符合以下三个条件的企业，如图 3-1 所示。无论查账征收方式还是核定征收方式，此类企业均可享受税收优惠。

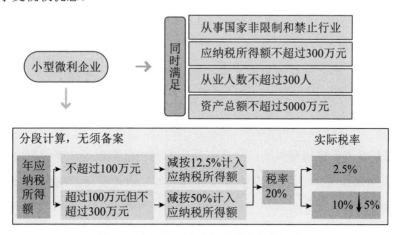

图 3-1　小型微利企业及其税收相关规定

3.6 公益捐赠中的税务筹划

公益捐赠中的税务筹划是指企业在进行公益捐赠活动时，通过合理的税务规划降低捐赠的税负成本，同时确保捐赠活动的合规性和社会效益的最大化。

1. 税务筹划策略

（1）选择合适的捐赠对象：企业应选择符合税法规定的公益慈善组织作为捐赠对象，确保捐赠款项能够享受税前扣除的优惠政策。通常，捐赠给具有合法资质的非营利组织或政府部门更能获得税务上的认可。

（2）合理安排捐赠时间：企业可以根据自身的经营情况和税务筹划需求，选择合适的捐赠时间。例如，在年度利润总额较高时进行捐赠，可以最大化税前扣除的效果，从而降低企业所得税税负。

（3）合规处理捐赠凭证：企业应妥善保管捐赠凭证，确保凭证真实、完整和合规。捐赠凭证是税务部门核实捐赠事实、认定捐赠金额的重要依据，合规处理凭证有助于企业顺利享受税前扣除政策。

2.具体案例说明

以某企业为例，该企业为一家高新技术企业，近年来发展迅速，盈利能力较强。为了回馈社会，该企业计划进行一笔公益捐赠。在税务筹划方面，该企业采取了以下措施。

（1）选择合适的捐赠对象：该企业经过调查了解，选择了一家具有合法资质和良好声誉的慈善基金会作为捐赠对象。该基金会专注于教育扶贫事业，与企业的社会责任理念相契合。

（2）合理安排捐赠时间：考虑到当年的利润总额较高，该企业决定在年度末进行捐赠。这样，捐赠金额可以计入当年的成本费用，从而降低企业所得税的应纳税额。

（3）合规处理捐赠凭证：在捐赠完成后，该企业及时取得了慈善基金会开具的捐赠发票和捐赠协议等凭证。这些凭证详细记录了捐赠的金额、用途和时间等信息，为企业在税务申报时提供了有力的证明。

通过采取上述税务筹划措施，该企业在公益捐赠活动中成功降低了税负成本，同时实现了社会效益的最大化。这不仅有助于提升企业的社会形象，还有利于增强企业的可持续发展能力。

需要注意的是，税务筹划应遵循合法合规的原则，确保捐赠活动的真实性和合规性。企业在进行税务筹划时，应充分了解税法规定和政策要求，避免采用非法手段避税或逃税。同时，企业还应加强内部管理和监督，确保税务筹划方案有效实施。

第 4 章

企业投资活动中的税务筹划

企业以货币资金、股权、债权进行投资，或进行利润再投资等金融投资活动中有哪些环节可以筹划？如何进行合理的税务筹划？本章将通过通俗易懂的表述和生动的案例，帮助大家轻松掌握企业投资活动中税务筹划的核心技巧和方法。

▶ 4.1 投资合同签订的税务筹划

投资合同签订的税务筹划是指在投资交易过程中，通过精心设计的合同条款，合法合规地降低税务成本，提高投资效益，同时确保交易顺利进行。下面结合一个具体案例，详细论述投资合同签订中的税务筹划。

案例分析

A 公司计划向 B 公司进行股权投资，以获得 B 公司的股权份额和未来收益权。在投资合同签订前，A 公司进行了税务筹划，以优化税务结构和降低税负。

税务筹划策略

（1）选择适当的投资方式：A 公司首先分析了不同的投资方式在税务方

面的差异。考虑到股权投资可能涉及资本利得税、股息税等问题，A公司决定采用股权投资与债权投资相结合的方式，以平衡税务风险和收益。

（2）合理安排投资时间和金额：A公司根据B公司的经营状况和预测的未来收益，合理安排了投资时间和金额。选择在B公司盈利状况良好且税负相对较低的时间点进行投资，有助于降低投资成本并提高未来收益。

（3）明确税务条款：在投资合同中，A公司与B公司明确规定了税务相关的条款。例如，约定了股息分配的时间和方式，以及资本退出时的税务处理方式等。这些条款的明确约定有助于避免未来可能出现的税务纠纷，并保障双方的合法权益。

（4）利用税收优惠政策：A公司还积极研究了相关的税收优惠政策，并尝试在投资合同中加以利用。例如，利用国家鼓励投资特定行业或地区的税收优惠政策，降低投资成本。

（5）设立税务风险防控机制：在投资合同签订过程中，A公司还设立了税务风险防控机制，包括对投资项目的税务风险进行评估和预测，以及制定相关措施，以应对可能出现的税务问题。

通过上述税务筹划策略的实施，A公司在投资合同签订过程中成功降低了税务成本，提高了投资效益。同时，明确的税务条款和税务风险防控机制的设立，为双方未来合作奠定了坚实基础。

需要注意的是，税务筹划应遵循合法合规的原则，确保合同条款的合法性和有效性。在投资合同签订过程中，双方应充分了解税法规定和政策要求，避免采用非法手段避税或逃税。此外，还应加强内部管理和监督，确保税务筹划活动的有效性和合规性。

▶▶ 4.2 投资资产的选择

保险储金投资，放贷还是生息？

税务筹划思路

通过纳税对象纳税身份的选择，即选择增值税一般纳税人或增值税小规模纳税人，企业进行纳税筹划方案设计，达到合理合法规避企业税负的目的。

基本情况

某保险公司收到保户储金 2 000 万元，假设其按 8% 的利率计算折合保费，即其保费收入为 160 万元。按 6% 缴纳增值税为 9.6（160×6%）万元，缴纳城市维护建设税和教育费附加（假设为 7% 和 3%）0.96（9.6×10%）万元。现公司有一项贷款业务可以考虑：如果将全部储金 2 000 万元放贷，可以按年息 8.45% 取得利息 169 万元，比固定利息收入多 9 万元。那么，保险公司是否可以选择这项投资呢？

我们先了解一下储金业务，它是指保险公司以保户所交保险资金的利息收入为保费收入，保险期满后须将保险资金本金返还被保险人的一种保险业务。从目前保险公司实际执行情况来看，采取这种收费方式的险种主要是家庭财产险和短期意外伤害险。

对于保险储金业务如何缴纳增值税问题，税法先后作了两次不同的规定。《国家税务总局关于印发营业税问题解答（之一）的通知》（国税发〔1995〕156 号）文件规定："保险公司开展财产、人身保险的营业额为向投保者收取的全部保费，而不是储金的利息收入。因为，就提供保险劳务而言，保险公司向投保者收取的是保费，而储金利息是保险公司向银行收取的，不是向投保者收取的。其次，应以保费金额为营业额，对到期返还给用户的储金不能从营业额中扣除。"按照这一规定，储金业务缴税的营业额应是向投保者收取的全部价款，而不是利息收入。但是，1997 年 3 月，税法对此作了重新规定。《财政部、国家税务总局关于国务院关于调整金融保险业税收政策有关问题的通知》（财税字〔1997〕045 号）文件规定：储金业务，是指保险公司在办理保险业务时，不是直接向投保人收取保费，而是向投保人收取一定数额的到期应返还的资金（称为储金），以储金产生的收益作为保费收入的业务。储金业务的营业额，以纳税人在纳税期内的储金平均余额乘以人民银行公布的一年期存款利率折算的月利率计算。储金平均余额为纳税期期初储金余额与期末余额之和乘以 50%。文件同时规定：纳税人将收取的储金加以运用取得的收入，凡属于增值税征税范围的，应按有关规定缴纳增值税。

从新的规定可以看出，保险公司储金业务是以储金产生的收益作为保费收入的计税营业，但如果保险公司开展储金保险业务并运用储金开展其他业务，就将面临多个环节的纳税问题。因此，如果对这个税收成本不加以考虑，其投资效益将会受到意外影响。

就上例而言，保险公司收取储金后，将2 000万元储金放贷，公司提供了两项应税劳务：保险与贷款。按照增值税税法的规定，储金保险业务计税营业额为160万元，应缴纳增值税及城市维护建设税、教育费附加为：160×6.6%（综合征收率）=10.56（万元）。贷款业务应缴纳增值税及城市维护建设税、教育费附加为：169×6.6% = 11.15（万元）。保险公司虽然将储金贷出去多取得了9万元利息收入，但是却因此多缴纳了税费11.15万元，算下来反而亏损了2.15万元。其主要原因就在于没有考虑此项储金业务存在两个环节纳税的问题。

如果考虑两个环节纳税问题，储金贷款利息增加的收入大于增加的税务支出，那么该投资就是可行的。

税务筹划过程

增加的利息收入为本金×（贷款利率－存款利率）；增加的税收支出为本金×贷款利率×税收征收率。即：本金×（贷款利率－存款利率）>本金×贷款利率×6.6%，得出：贷款利率>1.070 7×存款利率。

如上例，当存款利率为8%时，贷款利率应大于8.57%（1.070 7×8%），则储金贷款增加的利息收入大于增加的税务支出。反之，如果贷款利率小于8.57%，则储金贷款增加的利息收入小于增加的税收支出。

税务筹划点评

企业的业务类型是在基本利润基础上兼顾税负，需要进行合理科学的测算，是综合利益的权衡结果。科学的税务管理同样可以为企业创造价值。注意，本案中贷款利率的确定应兼顾筹划成本与效益，切记不可粗暴地生搬硬套，机械地照搬照抄。

▶ 4.3 股权投资的税务筹划

不动产销售：换个思路可节税。

税务筹划思路

通过改变或调整业务交易方式、流程，将销售关系调整为投资关系，在充分理解运用税收政策的基础上进行纳税筹划方案设计，达到合理合法规避企业税负的目的。

增值税是我国现行税制的主体税种之一，为我国第一大税种。最近几年，我国增值税政策有了较大的变动，这些政策的变动为纳税筹划提供了较大的空间。我们以销售不动产为例作以分析。税法规定，销售不动产时出让方应按出售收入的 5% 缴纳增值税，同时还需缴纳其他税种：按应缴增值税的 7% 缴纳城市维护建设税，按应缴增值税的 3% 缴纳教育费附加，按转让收入的 0.05% 缴纳印花税（产权转移书据），按增值额缴纳土地增值税，转让所得并入当期应税所得缴纳企业所得税。

企业基本信息：若甲公司欲将一幢房产出售给乙公司，双方约定售价 1 200 万元，房屋原价 1 000 万元，已提折旧 200 万元，房地产评估机构评定的重置成本价格 1 500 万元，该房屋成新率 7 成。企业转让该房产时发生评估费用 3.4 万元。应纳各种税额计算如下：

（1）增值税 =1 200×5% = 60（万元）。

（2）城市维护建设税及教育费附加 = 60×（7% + 3%）= 6（万元）。

（3）印花税（产权转移书据）= 1 200×0.05% = 0.6（万元）。

（4）土地增值税：房产评估价格 = 1 500×70% = 1 050（万元），扣除项目金额合计 1 050 + 60 + 6 + 0.6 + 3.4=1 120（万元），增值额 =1 200−1 120 = 80（万元），增值率 =80÷1 120×100% = 7.14%，应纳土地增值税税额 =80×30% = 24（万元）。

（5）应纳企业所得税 =（1 200−1 050−60−6−0.6−3.4−24）×25% = 14（万元）。

该笔业务应纳税额合计 60 + 6 + 0.6 + 24 + 3.4 + 14 = 108（万元）。

由此可见，销售不动产税负还是比较重的（108÷1 200 = 9%）。

税务筹划过程

我们是否可采用其他方法转让房产并且可少缴税金？如果采用甲公司先以该房产对乙企业投资，然后再将其股份按比例全部转让给乙企业股东的方法，则只需要缴纳企业所得税和印花税。营改增后以不动产、无形资产投资入股，参与接受投资方利润分配、共同承担投资风险的行为，是否征收增值税？2016年5月1日"营改增"后，很多企业关心的问题是：营业税时代的税收优惠是否保留？比如以不动产、无形资产投资入股，按照财税〔2002〕191号的规定："以无形资产、不动产投资入股，参与接受投资方利润分配，共同承担投资风险的行为，不征收营业税。"该项不征收营业税的政策是否保留？

对于这一问题，我们首先需要分析营改增过程中对于原有税收优惠的处理原则——营业税税收优惠原则上保留，但"营改增"后能够通过抵扣避免重复征税的，则不再保留。以无形资产、不动产投资入股，参与接受投资方利润分配、共同承担投资风险的行为，"营改增"后需要缴纳增值税。理由有二：

其一，以无形资产、不动产投资入股属于获得其他经济利益的行为，应该按照销售征收增值税。财税〔2016〕36号规定：销售服务、无形资产或者不动产，是指有偿提供服务、有偿转让无形资产或者不动产。有偿，是指取得货币、货物或者其他经济利益。纳税人将不动产、无形资产投资入股换取股权的行为，属于取得其他经济利益，属于有偿转让无形资产或者不动产，因此应该征收增值税。

其二，被投资方取得投资方投入的不动产、无形资产后，可以抵扣进项税额。财税〔2016〕36号规定：适用一般计税方法的试点纳税人，2016年5月1日后取得并在会计制度上按固定资产核算的不动产或者2016年5月1日后取得的不动产在建工程，其进项税额应自取得之日起分2年从销项税额中抵扣，第一年抵扣比例为60%，第二年抵扣比例为40%。包括以直接购买、接受捐赠、接受投资入股、自建以及抵债等各种形式取得不动产。也就是说，"取得不动产"包括投资方接受投资入股的方式，同理，投资方接受投资入股取得的无形资产可以一次性抵扣进项税额。

综上所述，可以得出结论：以不动产、无形资产投资入股，参与接受投资方利润分配、共同承担投资风险的行为，应该按照销售征收增值税，同时接受投资方可以抵扣进项税额。《财政部、国家税务总局关于股权转让有关营业税问题的通知》（财税〔2002〕191 号）第一、二条分别规定：以无形资产、不动产投资入股，参与接受投资方利润分配，共同承担投资风险的行为，不征收营业税，并且对股权转让不征收营业税。同时规定：《营业税税目注释（试行稿）》国税发〔1993〕149 号第八、九条中与本通知内容不符的规定废止。该通知从 2003 年 1 月 1 日起执行。

若上例中，甲公司以该房产对 Z 企业投资，并参与接受投资方的利润分配、共同承担投资风险，在投资时无须缴纳增值税，但在投资后 6 个月内应将投出房产过户至乙公司。

城市维护建设税及教育费附加方面：因为不缴纳增值税，所以无须缴纳城市维护建设税及教育费附加。

土地增值税方面：《财政部、国家税务总局关于土地增值税一些具体问题规定的通知》（财税字〔1995〕48 号）规定，对于以房地产进行投资、联营的一方经土地（房地产）作价入股进行投资或作为联营条件，将房地产转让到所投资、联营的企业时，暂免征收土地增值税。所以，甲公司以房产对乙企业投资，并参与接受投资方的利润分配，共同承担投资风险，不需缴纳土地增值税。股权转让不涉及土地增值税。

企业所得税方面：《关于企业股权投资业务若干所得税问题的通知》（国税发〔2000〕第 118 号）规定，企业以经营活动的部分非货币性资产对外投资，包括股份公司的法人股东以其经营活动的部分非货币性资产向股份公司配购股票，应在投资交易发生时，将其分解为按公允价值销售有关非货币性资产和投资两项经济业务进行所得税处理，并按规定计算确认资产转让所得或损失。上述资产转让所得如数额较大，在一个纳税年度确认实现缴纳企业所得税确有困难的，报经税务机关批准，可作为递延所得，在投资交易发生当期及随后不超过 5 个月纳税年度内平均摊转到各年度的应纳税所得中。

假设乙公司是由股东 A、B 组建的有限责任公司，股东 A、B 所占股份比例分别为60%、40%。投资前，乙公司资本总额为2 000万元，甲企业以公允价1 050万元将房屋向乙企业投资。投资后，甲公司占乙公司资本总额的34.43%。具体操作过程如下：

第一步，甲、乙双方签订投资协议。投资后，甲公司应纳印花税＝1 050×0.05%＝0.525（万元）。这时甲公司必须调增企业所得税应纳所得额250万元，因为按照《关于企业股权投资业务若干所得税问题的通知》精神，企业以非货币性资产对外投资应视为将非货币性资产转化为货币性资产对外投资进行处理，就甲公司而言，相当于将净值为800万元的房产以1050万元卖出并以1050万元对外投资，资产转让所得为250（1 050-800）万元。当年就该项业务而言，甲公司应纳企业所得税＝（250-0.525）×25%＝62.37（万元）。

第二步，一定期限后，甲公司将在乙公司拥有的30%的股份按比例转让给乙公司原股东A和B，其中转让给A股东18%，转让给B股东12%。若第二步与第一步不在一个纳税年度，此时甲公司应调减所得税应纳税所得额250万元，因为虽然账面投资成本为800万元，但经过上一年度的纳税调整后该项投资的计税成本为1 050万元，A股东出资630万元购买乙公司持有甲公司18%股份，B股东出资420万元购买乙公司持有甲公司12%股份，A、B股东平价购买，无股权转让收益，无须缴纳个人所得税，乙公司和A、B股东需缴纳印花税。如果上述两个步骤在一个会计年度内发生，就无须调整应税所得。

应纳各种税额计算如下

（1）增值税：甲公司开具不动产发票缴纳的增值税乙公司可以全额抵扣，增值税为0。

（2）城市维护建设税及教育费附加为0。

（3）印花税（股权转让）＝1 050×0.05%×2＝1.05（万元）。

（4）土地增值税为0。

（5）企业所得税＝（250-0.525）×25%＝62.37（万元）。

税务筹划结论：由此可见，方案二就该项业务而言，只需缴纳企业所得税：（250-0.525）×25%＝62.37（万元）。采取第二种方案应纳税款合计：

62.37 + 1.05 = 63.42（万元）。采取第二种方案比第一种方案节省税收 44.58（108-63.42）万元。

税务筹划点评

严格意义上的税筹是对经济行为和业务流程的规划调整，将一般的不动产销售业务调整为投资行为，由经济行为形式的改变带来税收效益的增加，本案例是典型的税收筹划案例，具有代表性，是对税收筹划的生动具体的解说。

注意事项

甲公司对乙公司的投资一定要参与接受投资方利润分配，共同承担投资风险。如果甲公司投资后从乙公司获取固定利润，不承担投资风险，则在以不动产对外投资时就必须同销售不动产一样缴纳各种税款，并在投资后 6 个月内应将投出房产过户至乙公司，房产过户会产生相关税费。

4.4 债权投资的税务筹划

债权投资的税务筹划是指在债权投资过程中，通过合理安排投资结构、利用税收政策等方式降低税务成本，提高投资效益。下面结合一个具体案例来详细论述债权投资的税务筹划。

案例：

C 公司是一家大型制造企业。为了拓展业务，C 公司计划向 D 公司进行债权投资，购买 D 公司发行的债券。C 公司在投资前进行了税务筹划，旨在优化税务结构，降低税负。

税务筹划策略

（1）利用利息支出的税务优惠：C 公司在购买 D 公司债券时，优先选择高息债券，以提高利息支出额度。根据我国税法规定，利息支出通常可以作为财务费用在税前扣除，从而有效降低应纳税所得额。通过购买高息债券，C 公司可以增加利息支出，进而减少应纳税所得额，实现税务优惠。

（2）合理安排债券持有期限：C 公司在购买债券时，考虑了债券持有期限与税务筹划的关系。如果债券持有期限较短，可能无法充分利用利息支出的税务优惠；而如果持有期限过长，则可能面临利率风险和流动性风险。因此，C 公司根据自身的资金需求和风险承受能力，合理安排了债券持有期限，实现了税务筹划与风险控制的平衡。

（3）利用税收优惠地区进行投资：C 公司在选择债权投资对象时，还考虑了不同地区的税收政策。一些地区为了吸引投资而提供税收优惠政策，如减免部分税收或降低税率等。C 公司经过调研，选择在具有税收优惠政策的园区注册 D 公司，享受税收减免优惠政策。

（4）注意债券转让的税务处理：在债权投资过程中，C 公司可能需要根据市场情况和自身需求进行债券的转让。在转让过程中，C 公司需要注意相关的税务处理。根据我国税法规定，债券转让可能涉及增值税、所得税等税务问题。因此，C 公司在转让债券时，应仔细核算税务成本，并依法申报纳税，以避免税务风险。

通过上述税务筹划策略的实施，C 公司在债权投资过程中成功降低了税务成本，提高了投资效益。这不仅有利于 C 公司的长期发展，还为其他企业进行债权投资提供了有益的参考。

需要注意的是，税务筹划应遵循合法合规的原则，确保投资策略的合法性和有效性。同时，企业在进行税务筹划时，应充分了解税法规定和政策要求，确保筹划方案的合规性。此外，企业还应加强内部管理和监督，确保税务筹划活动的有效实施和风险控制。

▶ 4.5 利润转投资的税务筹划

利润转投资的税务筹划，是指企业将其盈利以再投资的形式进行资本扩张，同时结合税收政策进行合理安排，以优化税务结构，降低税负，提升整体经济效益的过程。下面结合具体案例详细论述利润转投资的税务筹划。

案例：

A 公司是一家经营多年的成熟企业，近年来业绩稳定，积累了可观的利润。为进一步扩大市场份额，提升竞争力，A 公司计划将部分利润转投资，用于新项目的开发和市场拓展。在进行利润转投资的过程中，A 公司进行了税务筹划，以寻求税负最优化的方案。

税务筹划策略

（1）选择合适的投资方式：A 公司在利润转投资时，可以选择直接投资设立新公司、增资扩股现有公司或购买其他公司的股权等方式。不同的投资方式涉及的税务处理不同，A 公司综合考虑了税务成本、风险控制以及资金流动性等因素，最终选择了增资扩股现有公司的方式。这种方式既可以避免新设公司可能面临的初期税务风险，又可以充分利用现有公司的经营基础和资源优势。

（2）利用税收优惠政策：A 公司关注并充分利用了国家及地方针对再投资项目的税收优惠政策。例如，投资国家鼓励发展的产业和项目，可能享有企业所得税的减免或优惠税率；投资于特定地区的企业，可能享有地区性的税收优惠政策。A 公司通过合理选择和安排投资项目，充分享受了税收优惠政策带来的税费减免。

（3）合理安排资金流动：在利润转投资过程中，A 公司注重合理安排资金流动，以优化税务结构。例如，合理调整利润分配和再投资的时间节点，可以影响企业所得税的应纳税额和纳税时间。此外，A 公司还通过与其他企业合作与关联交易，实现资金的合理转移和税负利润的优化。

在进行投资的税务筹划时 A 公司做好了税务风险评估与防范，也充分考虑了税务风险问题。他们聘请了专业的税务顾问团队，对投资项目的税务风险进行了全面评估，并制定了相应的防范措施。这有助于确保税务筹划的合规性和安全性，避免因税务问题而给企业带来不必要的损失。

案例分析

通过实施上述税务筹划策略，A 公司成功实现了利润转投资的税负优化。具体而言，选择合适的投资方式使得 A 公司能够充分利用现有公司的优势资源，降低新项目的初期投入和税务风险；利用税收优惠政策则有效降低了 A 公司的应纳税额，提高了投资效益；合理安排资金流动则进一步优化了 A 公司的税务结构，提高了资金利用效率；而做好税务风险评估与防范则确保了整个税务筹划过程的合规性和安全性。

综上所述，利润转投资的税务筹划是一项复杂而重要的工作。通过选择合适的投资方式、利用税收优惠政策、合理安排资金流动以及做好税务风险评估与防范等策略，企业可以实现税负的优化和经济效益的提升。在实际操作中，企业应结合自身情况和税务政策的具体要求，制订切实可行的税务筹划方案，并密切关注税务政策的变化，及时调整和优化筹划策略。

▶ 4.6 基金的税务筹划

基金的税务筹划是指基金管理人或投资者在基金设立、运营、收益分配及退出等环节中，通过合法合规的方式利用税收政策降低税务成本，提高基金整体收益的过程。下面结合具体案例详细论述基金的税务筹划。

税务筹划策略

（1）选择合适的基金类型：不同的基金类型，其税收政策有所差异。例如，开放式基金和封闭式基金在税务处理上可能存在不同。投资者应根据自身需求和税务政策，选择适合的基金类型。

（2）利用税收优惠政策：政府为鼓励基金业发展，可能会出台一系列税收优惠政策。例如，符合条件的创业投资基金、养老目标基金等，可能享有企业所得税或个人所得税的减免或优惠税率。基金管理人和投资者应充分利用这些政策，降低税负。

（3）合理安排收益分配：基金的收益分配方式会影响税务处理。例如，选择现金分红或再投资分红，其税务后果可能不同。投资者应根据自身税务情况和投资目标，合理选择收益分配方式。

（4）做好税务申报与合规工作：基金管理人和投资者应严格遵守税法规定，按时进行税务申报，确保税务处理的合规性。同时，要加强与税务机关的沟通，及时了解税收政策变化，避免税务风险。

案例分析

A公司计划设立一只股权投资基金，用于投资初创企业。在设立和运营过程中，A 公司进行了如下税务筹划。

（1）选择合适的基金类型：经过研究，A 公司选择了有限合伙制作为基金的组织形式。有限合伙制基金在税务处理上相对灵活，且能够避免双重征税问题，符合 A 公司的税务筹划需求。

（2）利用税收优惠政策：A 公司了解到，国家对符合条件的创业投资基金有一定的税收优惠政策，因此，在基金设立阶段，A 公司积极向税务机关申请相关资质认定，以便在后续运营中享受税收优惠。

（3）合理安排收益分配：在基金运营过程中，A 公司根据投资项目盈利情况和投资者需求，合理安排收益分配。对于需要现金回流的投资者，A 公司选择现金分红方式；对于希望继续投资的投资者，则选择再投资分红方式。这样既能满足投资者的需求，又能在一定程度上优化税务结构。

（4）做好税务申报与合规工作：A 公司严格遵守税法规定，按时进行税务申报。同时，加强与税务机关的沟通，及时了解税收政策变化，确保基金运营的合规性。此外，A 公司还定期对基金进行税务风险评估，及时发现并处理潜在的税务风险。

通过上述税务筹划措施，A 公司成功降低了基金的税务成本，提高了整体收益。这既有利于增强投资者的信心，也为基金的可持续发展奠定了基础。

第3篇 不同税种的税务筹划

在当前的税收政策与市场环境下，本篇结合具体案例介绍了我国现行 18 个税种的税收筹划，比如增值税、企业所得税、个人所得税等的税收筹划技巧与方法。

中国现行的 18 个税种包括：

（1）增值税：对销售货物、提供服务、进口货物等征收的税。

（2）消费税：对特定商品和服务征收的税，如卷烟、白酒、金银珠宝等。

（3）企业所得税：对企业或组织所得征收的税。

（4）个人所得税：对个人所得征收的税。

（5）印花税：对法律文件、合同等征收的税。

（6）城市维护建设税：用于城市维护和建设的税。

（7）契税：买房买地要交的税。

（8）车辆购置税：买车要交的税。

（9）城镇土地使用税：对使用城镇土地的单位和个人征收的税。

（10）车船税：对拥有车船的单位和个人征收的税。

（11）房产税：对自有或出租房产的单位和个人征收的税。

（12）资源税：对自然资源的开采或使用征收的税。

（13）土地增值税：对转让土地使用权或地上建筑物及其附着物取得的收入征收的税。

（14）环境保护税：对环境污染行为征收的税。

（15）烟叶税：对收购或生产烟叶的单位和个人征收的税。

（16）船舶吨税：对外国轮船停靠在中国港口按吨位征收的税。

（17）耕地占用税：对占用耕地建房或从事其他活动的单位和个人征收的税。

（18）关税：对进出口货物征收的税。

以上税种涵盖了流转税、所得税、资源税、财产税、行为税等多个类别，这些税种对于国家的财政收入和经济发展具有重要意义。

近年来税收立法进程加快，截至 2024 年 5 月 28 日，我国 18 个税种中已有 13 个税种完成立法，具体是：

（1）《中华人民共和国企业所得税法》

（2）《中华人民共和国个人所得税法》

（3）《中华人民共和国车船税法》

（4）《中华人民共和国环境保护税法》

（5）《中华人民共和国烟叶税法》

（6）《中华人民共和国船舶吨税法》

（7）《中华人民共和国耕地占用税法》

（8）《中华人民共和国车辆购置税法》

（9）《中华人民共和国资源税法》

（10）《中华人民共和国契税法》

（11）《中华人民共和国城市维护建设税法》

（12）《中华人民共和国印花税法》

（13）《中华人民共和国关税法》

目前，房产税、城镇土地使用税、土地增值税、增值税、消费税这 5 个税种还没有立法。

第 5 章

增值税的税务筹划

增值税的税务筹划方法有很多，以下详细论述几种常见的增值税税务筹划方法。

1. 合理规划销售额和适用税率

企业可以通过合理规划销售额和适用税率来实现税务筹划。具体来说，企业可以根据不同销售对象的销售额和税率适用情况，选择最有利的销售策略，以降低税负。例如，企业可以将不同销售对象区分开来，对不同纳税义务人的销售额和税率适用情况进行详细了解和分析，根据具体情况制定个同的销售策略，以达到合理避税的目的。

2. 利用纳税人身份进行税务筹划

企业可以选择不同的纳税人身份来进行税务筹划。增值税纳税人可以根据自身业务特点和经营规模，选择小规模纳税人或一般纳税人身份。小规模纳税人适用简易计税方法，税负相对较低。一般纳税人则可以享受进项税抵扣等税收优惠政策，降低税负。企业可以根据自身实际情况和需求，选择最适合自己的纳税人身份。

3. 合理规划进项税抵扣

企业可以通过合理规划进项税抵扣来实现税务筹划。具体来说，企业应合理规划采购方式和供应商选择，尽可能地取得可抵扣增值税专用发票。在固定资产采购、原材料采购等方面，应选择与具有一般纳税人资格的供应商合作，以取得更多的进项税抵扣，降低税负。

4.利用税收优惠政策进行税务筹划

企业可以利用税收优惠政策来实现税务筹划。国家为了鼓励某些行业或企业发展，会出台一系列税收优惠政策。企业应密切关注税收法规的变化，及时了解并利用相关税收优惠政策，如对高新技术企业、环保企业等的税收优惠政策，以降低税负。

5.利用委托加工产品合理避税

当企业有委托加工产品的业务时，可以利用委托加工方式来达到避税的目的。委托加工应税消费品时，可以在委托加工合同中约定合理的加工费用，以降低计税基础，从而减少税负。需要注意的是，这种方式需要符合相关法律法规的规定，避免涉嫌逃税或避税行为。

6.利用税率差异进行税务筹划

企业可以根据不同地区的税率差异来进行税务筹划。不同地区可能存在不同的增值税税率差异，企业可以根据自身实际情况和需求，选择最适合自己的地区生产和销售，以降低税负。

综上所述，增值税的税务筹划方法多种多样，企业可以根据自身情况和需求选择合适的筹划方法，以降低税负、提高经济效益。同时，企业还需要保持对税收法规的关注和了解，确保税务筹划的合规性和有效性。在合法合规的前提下进行税务筹划时，应注意不同业务场景的差异性，针对不同业务情况选择不同的筹划方法，以取得最佳的筹划效果。

▶ 5.1 纳税身份选择的税筹方案

案例：选择小规模纳税人还是一般纳税人身份

企业基本信息

2019 年 5 月 14 日，某投资者欲在上海成立一家从事咨询服务业务的甲公司，预计年含税销售额为 300 万元。该公司为小规模纳税人，但若申请成为一般纳税人，则含税可抵扣购进金额为 100 万元（假设该企业进项税平均税率为 6%）。请为该公司进行纳税筹划方案设计。

税务筹划过程

假定纳税人含税销售额为 S，含税可抵扣购进货物金额为 P，适用增值税税率为 T，小规模纳税人征收率为 3%，测算过程如下：

增值率 R =（含税销售额 – 含税可抵扣购进货物金额）÷含税销售额 × 100%

一般纳税人应纳税额 = 不含税销售额 × 销项增值税税率 – 不含税可抵扣购进货物金额 × 购货增值税税率

$$= S ÷（1 + T）× T - P ÷（1 + T）× T$$

$$= S ÷（1 + T）× T - S（1 - R）÷（1 + T）× T$$

$$= SR ÷（1 + T）× T$$

小规模纳税人应纳税额 = 不含税销售额 × 3% = $S ÷（1 + 3\%）× 3\%$

求纳税均衡点，令两种情况下税负相等，则：

$$SR ÷（1 + T）× T = S ÷（1 + 3\%）× 3\%$$

可得：$R =（1 + T）× 3\% ÷ [T ×（1 + 3\%）]$，当 $T = 17\%$ 时，得 $R = 20.05\%$。

总结：两种纳税人在纳税均衡点下的增值率为 20.05%（假设一般纳税人进项平均税率与销项税率一致）。

本题中，增值率 $R =（S - P）÷ S × 100\% =（300 - 100）÷ 300 × 100\% = 66.67\% > 20.05\%$，依据上述结论，此时选择作为小规模纳税人可节税。具体验证如下：

方案一：申请成为增值税一般纳税人

根据税法的规定，新开业纳税人通过努力满足具有固定的生产经营场所和会计核算健全这两个条件，可申请成为一般纳税人。

应纳增值税 = 300 ÷（1 + 6%）× 6% - 100 ÷（1 + 6%）× 6% = 11.32（万元）

方案二：保留增值税小规模纳税人身份

应纳增值税 = 300 ÷（1 + 3%）× 3% = 8.74（万元）

税务筹划结论：方案二与方案一相比，少缴纳增值税 2.58（11.32 - 8.74）

万元，因此，应当选择作为小规模纳税人。

税务筹划点评

除了单纯考虑增值税税负因素，在进行增值税纳税人身份的纳税筹划时还需要注意以下因素：除增值税以外的其他税负，纳税人身份转化成本，企业产品的性质对企业选择纳税人身份的制约，客户的要求对企业选择纳税人身份的制约，转换后导致的产品收入和成本的增加或减少等。其中，客户的要求对企业选择纳税人身份的制约是特别需要考虑的。

注意事项

每一种税收筹划方案都是在深刻理解税收精神基础上，在具体企业、特定时间段、税收管辖地，结合具体的业务性质、税种，依据具有时效性的税收法规进行的筹划。同时应当兼顾筹划成本与效益，切记不可粗暴地生搬硬套，机械地照搬照抄。

▶ 5.2 企业组织类型的税筹方案

案例：调整公司架构，拆分业务，减轻企业税负

企业基本信息

康美公司内部设有批发中心、运输车队、仓储管理中心等，为了强化管理，该企业以业务部为单位实行内部结算。运输车队的主要任务是为批发中心、大型商场运输货物，业务空隙也外出招揽一些业务，如帮助外单位运输一些零星货物等。企业内部核算资料显示：2003 年实现商品销售收入 56 000 万元，实际缴纳增值税 735 万元。运输业务部的业务额为 2 160 万元，其中外揽业务 560 万元。另外，公司仓储管理中心结算的仓储业务额为 1 200 万元、搬运业务额为 200 万元。与运输业务有关的增值税进项税额为 26 万元，与仓储有关的增值税进项税额为 4 万元。企业处于微利经营状态。

2005 年初，税务专家接受该企业董事会的委托，担任该公司的税收顾问。为了对公司的经营情况有一个全面了解，税务专家对该公司 2003 年度的纳税情况进行了一次全面取样和论证分析。当税务专家将该企业 2004

年度的纳税情况进行全面调查之后，他们发现企业的纳税方案存在不尽合理的地方。

从该公司的情况来看，其名称是物流企业，但实际上主要从事货物销售业务。就一般情况而言，根据现行税法规定：物流业提供配送劳务取得的收入属于混合销售收入。因为物流企业一般以提供营业税劳务为主，所以对于物流企业的混合销售行为（在提供营业税劳务的同时提供包装、加工等增值税劳务的）应当缴纳营业税。但是，根据财政部、国家税务总局财税字〔1994〕第026号通知规定，从事运输业务的单位和个人，发生销售货物并负责运输所售货物的混合销售行为，缴纳增值税。虽然该企业是按照不同的业务划分成业务部管理的，但是由于有些业务在具体的会计核算过程中并未划分清楚，所以当地主管税务机关认定该公司发生运输及其他业务应当缴纳增值税341.2（2 160×17%-26）万元，仓储业务额应当缴纳的增值税为200（1 200×17%-4）万元，搬运业务额应当缴纳的增值税为34（200×17%）万元。

税务筹划过程

税务专家建议，将应当缴纳营业税的业务从货物流通业务中分离出来。

其一，将企业原来的运输车队独立出来，成立专业运输公司，作为集团公司的下属子公司，在财务管理上实行独立核算，自负盈亏。其二，将企业原来的仓储以及搬运业务划分出来，纳入专业运输公司，并且各业务分项目分别核算（也可以单独成立储运公司）。其三，在具体的业务操作过程中，运输、储运公司与购货单位直接发生关系，即购货者在与货物批发中心签署货物供应合同的同时，也与运输公司签署运输合同，与储运公司（在成立储运公司的条件下）签署货物仓储以及搬运合同。

这个方案有没有操作难度呢？原来康美公司以货物销售为主，企业在提供货物的同时提供与之相对应的增值税专用发票，而货物的接受者取得该发票后，可以抵扣增值税的进项税额。在新的运行思路下，康美公司在销售货物时，往往要给购货者提供两份或者两份以上票据，其中提供货物的是增值税专用发票，提供运输、仓储和搬运服务的是提供普通发票。根据现行税法规定，运输票据只能抵扣 7% 的增值税进项税额，而仓储、搬运等服务票据不能抵扣增值税进项税额。所以按照这个思路去操作，存在两个问题：一是增加了工作量；二是购货方不肯接受多张票。

康美公司的优势又有哪些呢？康美公司在当地已经成为规模企业，其货物的品种比较齐全，配送机制比较完善，在当地具有一定的垄断地位。作为购货人如果改变进货渠道，必然增加采购成本，其增加的采购成本与在康美公司采购减少的增值税进项税抵扣增加的成本相比较，在康美公司进货仍然比较合算。所以该筹划方案有实施的外部条件。

税务筹划结论

公司接受了税务专家的建议，对公司的组织机构进行了整合，将原来的事业部独立出来，然后在总公司的协调下进行整体运行。

2004 年公司的经营在平衡发展基础上有了一些提高，实现商品销售收入 65 000 万元，运输公司的业务额为 2 500 万元，其中外揽业务 800 万元，仓储公司的仓储业务额为 1 400 万元、搬运业务额为 250 万元。与运输业务有关的增值税进项税额为 35 万元，与仓储有关的增值税进项税额为 5 万元。如果按照原来的核算体制，以上业务只能缴纳增值税。三项业务合计应缴纳增值税额为 665.5[（2 500 + 1 400 + 250）×17%−（35 + 5）] 万元。

但是，按照现行组织架构和业务操作流程，以上三项业务只需要按规定缴纳营业税。三项合计应当缴纳营业税额为 152.5（2 500×3% + 1 400×5% + 250×3%）万元。通过税收筹划，该公司节税 513 万元。

那么康美公司的筹划成本是多少呢？康美公司将两个事业部改变核算方式，成立两个独立核算的公司，增加注册成本 0.5 万元。同时，运输公司和储运公司应当建立健全会计核算制度，需要增加两个主办会计，从而增加工资以及相关费用 8 万元。为了强化 3 个企业的业务管理，集团公司增加了一个副总经理，增加工资福利以及办公费用 10 万元。在筹划过程中发生的其他成本 10 万元。

通过两个月时间的具体筹划和实施，并经过一年的实践，康美公司取得了明显的筹划效益，2004 年取得实际筹划成果为 484.50 万元。

税务筹划点评

通过对物流公司业务和税务的分析，调整业务流程，拆分业务内容，调整公司架构，大大降低公司的税负。在不考虑税改时间变化的影响下，为我们提供了一种很好的税筹思路。税务筹划创造价值的理念得到了生动体现。

注意事项

此案例是营改增之前的业务，相对于营改增后的税种、税率有很大的变化（目前销售业务适用的税率是13%，运输业务适用的税率是9%，仓储业务适用的税率是6%），本案例暂未考虑房产税、印花税、企业所得税等税种。每一种税收筹划方案是在深刻理解税种、课税对象、税率的基础上，具体的企业，特定的业务流程、课税对象，具体的业务性质、税种，依据具有时效性的税收法规进行的筹划。同时兼顾筹划成本与效益，切记不可粗暴地生搬硬套，机械地照搬照抄。

▶ 5.3 不同核算方式的税筹方案

财务核算方式的税筹方案主要包括单体企业核算、母子公司核算和个体工商户核算等。下面将详细论述这些核算方式的税筹方案，并结合具体案例进行分析。

1. 单体企业核算

单体企业核算是指将母公司与子公司视为同一企业统一核算，采用相同的会计政策。这种核算方式下，母公司与子公司之间的交易在财务上视为内部交易，不产生纳税影响。因此，企业应关注税收政策，合理安排内部交易，避免产生不必要的税收负担。

案例分析

假设A公司是一家集团企业，旗下有多家子公司。为了合理规划税收，A公司决定采用单体企业核算方式。在实施过程中，A公司需要注意以下问题：

（1）集团内部交易尽量以实物交易为主，减少现金交易，避免纳税影响。

（2）子公司向母公司提供服务时，母公司需合理分摊费用，避免重复纳税。

（3）子公司需要定期向母公司提供财务报表，以便母公司了解整体财务状况，合理规划税收。

2. 母子公司核算

母子公司核算是指母公司和子公司独立核算，各自承担纳税义务。在这种核算方式下，企业应关注税收政策的差异，合理规划税收。例如，对于增值税，不同行业可能有不同的税率或征收方式；对于所得税，不同地区的税收政策可能存在差异。因此，企业应根据实际情况选择合适的税收筹划方案。

案例分析

假设 B 集团由一家母公司和三家子公司组成。为了合理规划税收，B 集团决定采用母子公司核算方式。在实施过程中，B 集团需要注意以下问题：

（1）母公司与子公司应分别核算各自的收入和成本，避免混淆纳税义务。

（2）母公司应关注子公司的税收政策，避免因不了解政策而产生不必要的税收负担。

（3）母公司与子公司之间存在资产转移时，应关注税收政策，合理规划税收筹划方案。

3. 个体工商户核算

个体工商户核算是指企业以个体工商户形式经营和纳税。这种核算方式适用于小微企业或个人投资者。个体工商户需要缴纳增值税、企业所得税和个人所得税等税种。因此，企业应根据自身实际情况选择合适的税收筹划方案，合理规划税收负担。

案例分析

假设 C 是个体工商户，经营一家小型餐饮店。为了合理规划税收，C 可以采用个体工商户核算方式。在实施过程中，C 需要注意以下问题：

（1）个体工商户应关注税收政策，了解相关税种的征收方式和税率。

（2）个体工商户需要依法纳税，及时申报和缴纳税款。

（3）个体工商户可以申请一些税收优惠政策，如小微企业所得税优惠等，以降低税收负担。

　　总之，针对不同财务核算方式的税筹方案对于企业发展至关重要。企业应根据实际情况选择合适的核算方式，关注税收政策变化，合理制订筹划方案，以降低税收负担，提高整体收益。

▶ 5.4 不同销售方式的税筹方案

案例：出售旧机床，算好税收账

　　固定资产：根据《财政部 国家税务总局关于全面推开营业税改征增值税试点的通知》（财税〔2016〕36 号）文件第二十八条规定，固定资产是指使用期限超过 12 个月的机器、机械、运输工具以及其他与生产经营有关的设备、工具、器具等有形动产。《中华人民共和国增值税暂行条例实施细则》规定，固定资产是指使用期限超过 12 个月的机器、机械、运输工具以及其他与生产经营有关的设备、工具、器具等。（注意：不包括不动产哦！）

　　使用过的固定资产：根据《财政部 国家税务总局关于全国实施增值税转型改革若干问题的通知》（财税〔2008〕170 号）和《财政部 国家税务总局关于全面推开营业税改征增值税试点的通知》（财税〔2016〕36 号）文件附件 2 第一条第（十四）款规定，使用过的固定资产，是指纳税人根据财务会计制度已经计提折旧的固定资产。

　　旧货：根据《财政部 国家税务总局关于部分货物适用增值税低税率和简易办法征收增值税政策的通知》（财税〔2009〕9 号）文件第二条第（二）款规定，旧货是指进入二次流通领域的具有部分使用价值的货物（含旧汽车、旧摩托车、旧游艇），但不包括自己使用过的物品。（注意：适用范围，一般是指专门从事二手生意的经销商。）

　　根据《财政部 国家税务总局关于部分货物适用增值税低税率和简易办法征收增值税政策的通知》（财税〔2009〕9 号）和《财政部 国家税务总局关于简并增值税征收率政策的通知》（财税〔2014〕57 号）规定，增值税小规模纳税人（除其他个人外）销售自己使用过的固定资产以及销售旧货，按照简易办法依照 3% 征收率减按 2% 征收增值税。因小规模纳税人销售自己使用过的固定资产和旧货适用"3%的征收率"，所以，对湖北省增值税小规模纳税人销售自己使用过的固定资产和旧货取得的应税销售收入，2020 年 3 月 1 日至 2021 年 3 月 31 日期间，可以免征增值税；2021 年 4 月 1 日至 2021 年 12 月 31 日期间，可以减按 1% 征收率缴纳增值税。其他省、自治区、直辖市的增值税小规模纳税人销售自己使用过的固定资产和旧货取得的应税销售收入，2020 年 3 月 1 日至 2021 年 12 月 31 日期间，可以减按 1% 征收率缴纳增值税。

对于一般纳税人，销售自己使用过的固定资产，如果该固定资产之前没有抵扣过进项，可以适用简易征收的政策，按照 3% 征收率减按 2% 征收增值税。对于小规模纳税人，销售自己使用过的固定资产，按照 3% 征收率减按 2% 征收率征收增值税。销售使用过的固定资产计税方法：

一般纳税人：按照 13% 计征增值税：应纳税额＝销项税额－进项税额。

简易计税方法：按照 3% 减按 2% 计征增值税：应纳税额＝固定资产含税销售额÷（1＋3%）×2%。

试用简易计税方法的情形：

A. 一般纳税人销售自己使用过的属于《中华人民共和国增值税暂行条例》第十条规定不得抵扣且未抵扣进项税额的固定资产。

B. 2008 年 12 月 31 日以前未纳入扩大增值税抵扣范围试点的纳税人，销售自己使用过的 2008 年 12 月 31 日以前购进或者自制的固定资产。

C. 2008 年 12 月 31 日以前已纳入扩大增值税抵扣范围试点的纳税人，销售自己使用过的在本地区扩大增值税抵扣范围试点以前购进或者自制的固定资产。

D. 纳税人购进或者自制固定资产时为小规模纳税人，认定为一般纳税人后销售该固定资产。

E. 增值税一般纳税人发生按简易办法征收增值税应税行为，销售其按照规定不得抵扣且未抵扣进项税额的固定资产。

F. 一般纳税人销售自己使用过的、纳入"营改增"试点之日前取得的固定资产，按照现行旧货相关增值税政策执行。

小规模纳税人：按照 3% 减按 2% 计征增值税：应纳税额 = 固定资产含税销售额 ÷（1 + 3%）× 2%。

不同销售方式的税收差异（见表 5-1）。

表 5-1　不同销售方式的税收差异

类　别	征收情况	计 税 公 式	计入会计科目
一般纳税人	适用税率征收	增值税销项税额 = 含税售价 × 适用税率 ÷（1 + 适用税率）	应交税费 - 应交增值税（销项税额）
	简易计税	增值税 = 含税售价 × 2% ÷（1 + 3%）	应交税费 - 简易计税
		增值税 = 含税售价 × 3% ÷（1 + 3%）	
小规模纳税人	简易计税	增值税 = 含税售价 × 2% ÷（1 + 3%）	应交税费 - 应交增值税

一般纳税人和小规模纳税人：均适用 3% 减按 2% 简易办法计税，应纳税额 = 固定资产含税销售额 ÷（1 + 3%）× 2%。

特殊情况：针对二手车经销商，自 2020 年 5 月 1 日至 2023 年 12 月 31 日，从事二手车经销的纳税人销售其收购的二手车，由原按照简易办法依 3% 征收率减按 2% 征收增值税，改为减按 0.5% 征收增值税。

小规模纳税销售使用过的固定资产，原政策是 3% 减按 2% 缴纳增值税，现在是否可以直接按照 1% 征收率缴纳增值税？

回答：可以。根据《财政部 税务总局关于支持个体工商户复工复业增值税政策的公告》（2020 年第 13 号）、《财政部 税务总局关于延长小规模纳税人减免增值税政策执行期限的公告》（2020 年第 24 号）和《财政部 税务总局关于延续实施应对疫情部分税费优惠政策的公告》（财政部 税务总局公告 2021 年第 7 号）规定，自 2020 年 3 月 1 日至 2021 年 3 月 31 日，对湖北省增值税小规模纳税人，适用 3% 征收率的应税销售收入，免征增值税；自 2021 年 4 月 1 日至 2021 年 12 月 31 日，对湖北省增值税小规模纳税人，适用 3% 征收率的应税销售收入，减按 1% 征收率征收增值税。自 2020 年 3 月 1 日至 2021 年 12 月 31 日，除湖北省外，其他省、自治区、直辖市的增值税小规模纳税人，适用 3% 征收率的应税销售收入，减按 1% 征收率征收增值税。

为统一政策执行口径，《国家税务总局关于营业税改征增值税试点期间有关增值税问题的公告》（国家税务总局公告 2015 年第 90 号）将营业税改征增值税试点期间有关增值税问题公告如下：纳税人销售自己使用过的固定资产，适用简易办法依照3%征收率减按2%征收增值税政策的，可以放弃减税，按照简易办法依照3%征收率缴纳增值税，并可以自开或代开增值税专用发票。公告自 2016 年 2 月 1 日起执行。

　　企业在生产经营过程中销售自己使用过的固定资产，是否价格越高，企业收益就越大呢？

　　假设甲制造有限公司 2008 年 10 月销售自己使用过的固定资产 A 机床一台，原值 20 万元，已提折旧 15 万元。清理固定资产时，以现金支付有关清理费用 1 万元。甲公司应选择售价多少才合算？假设甲制造有限公司是一般纳税人。该固定资产之前没有抵扣过进项，可以适用简易征收的政策。

　　如果以 20.1 万元（含税价）出售 A 机床，根据规定需按 3% 的征收率减半征收增值税，则应缴纳增值税：201 000÷（1 + 3%）×2% = 3 902.91（元），以高于原值 1 000 元出售，净收益为 37 097.09（201 000−150 000−10 000−3 902.91）元（不考虑城建税和教育费附加）。

　　如果以价格 19.9 万元出售，按规定不需缴纳增值税（非应税固定资产），则以低于原值 1 000 元出售，净收益为 3.9（19.9−15−1）万元。

　　如果以原值出售，根据规定不需缴纳增值税，净收益为 4（20−15−1）万元。

　　可以看出，销售旧的固定资产的价格：（1）当以等于或低于原值价格出售时，净收益最大；（2）当以高于原值的价格出售时，需考虑增值税税负的影响。因此，企业在实际经营过程中除根据市场条件确定固定资产的价格外，还应考虑税收的影响。合理确定固定资产的价格，使企业在节税的同时达到获利更大的目的。

税务筹划点评

　　除了单纯考虑增值税税负因素外，在进行固定资产增值税的纳税筹划时还需要注意以下因素：固定资产的性质，国家销售旧货的最新税收政策，固定资产的折旧情况，固定资产产生的现金流，等等。

注意事项

每一种税收筹划方案都是在深刻理解税收精神的基础上，在具体的企业、特定时间段、税收管辖地，结合具体的业务性质、税种，依据具有时效性的税收法规进行的筹划。同时兼顾筹划成本与效益，切记不可粗暴地生搬硬套，机械地照搬照抄。本案例中注意区分是企业还是旧货销售商销售使用过的固定资产。购进固定资产后与销售前是否抵扣过增值税进项税额也很关键。

5.5 兼营行为的税筹方案

兼营应税行为是指企业在同一纳税期间内，既销售货物或提供劳务，又从事服务性业务，如租赁、广告、代理等。在兼营应税行为中，企业应按照不同的税种分别核算，缴纳相应的税款。不同兼营应税行为的税筹方案包括：

1. 混合销售方案的适用情况

企业主要业务为销售货物或提供劳务，兼营服务性业务较少或规模较小。

在这种情况下，企业应将销售货物或提供劳务的收入单独核算，并按照规定缴纳增值税。对于服务性业务收入，企业可以按照服务行业的税收政策缴纳营业税。

2. 分别核算兼营业务的税筹方案

企业兼营业务较多，需要分别核算不同税种的收入和成本。

在这种情况下，企业应分别设立账簿，按照不同的税种分别核算收入和成本。企业需要关注税收政策的差异，合理规划税收筹划方案，以降低整体税负。

3. 兼营行为的税筹案例分析

假设某公司是一家综合性的服务企业，主要业务包括销售货物、提供劳务和广告服务。为了合理规划税收，该公司采取了分别核算兼营业务的税筹方案，具体措施包括：

（1）对于销售货物和提供劳务的收入，该公司按照增值税的税收政策缴纳税款。

（2）对于广告服务收入，该公司按照营业税的税收政策缴纳税款。

（3）在不同纳税期内分别设立账簿，详细记录各项业务的收入和成本。

通过采取上述措施，该公司在兼营业务方面合理规划了税收筹划方案，降低了整体税负，提高了企业盈利能力。

在实际经营中，企业需要根据自身的经营特点和发展战略选择合适的税筹方案。同时，企业还应关注税收政策的变动，及时调整税收筹划方案，以适应不断变化的市场环境。

5.6 租赁变仓储的税筹方案

租赁变仓储的税务筹划方案是指将租赁业务转变为仓储业务，以适应不同的税收政策，并降低企业税负。具体步骤如下所述。

1. 明确租赁和仓储的税收政策差异

（1）租赁业务的税收政策通常按照租赁合同约定的租金缴纳增值税，而仓储业务的税收政策则按照仓储服务缴纳增值税或营业税。

（2）租赁业务中的租金收入属于财产租赁收入，需要按照规定的税率缴纳个人所得税或企业所得税，而仓储业务中的仓储收入属于营业收入，只需要缴纳营业税。

2. 进行租赁变仓储的业务转型

在确定了租赁和仓储的税收政策差异后，企业可以着手进行租赁变仓储的业务转型。具体操作如下：

（1）将租赁合同改为仓储合同，将租赁物品改为仓储物品，并按照仓储服务的相关规定进行管理。

（2）建立仓储设施和设备，完善仓储管理流程，提高仓储服务质量。

3. 合理规划税收筹划方案

企业在进行租赁变仓储的业务转型后，应合理规划税收筹划方案，以降低整体税负。具体措施包括：

（1）按照仓储服务的税收政策缴纳税款，同时利用税收优惠政策降低税负。

（2）优化会计核算，确保不同税种的收入和成本分别核算，以避免重复征税。

接下来结合具体案例进行分析：

某物流公司主要业务是租赁物流设备给客户使用，现在计划将部分租赁业务转变为仓储业务。具体操作如下：

（1）将租赁合同改为仓储合同，将租赁设备改为仓储货物。

（2）建立仓库设施和设备，完善仓储管理流程，提高服务质量。

在税务筹划方面，该物流公司可以采取以下措施：

（1）将收入改为仓储服务收入，并按照规定缴纳营业税。此外，还可以充分利用国家对于物流业的相关税收优惠政策，降低整体税负。

（2）对各项业务的收入和成本进行详细核算，确保不同税种的收入和成本分别核算，以避免重复征税。

通过以上措施的实施，该物流公司成功地将部分租赁业务转变为仓储业务，并进行了合理的税收筹划，在降低税负的同时提高了盈利能力，实现了可持续发展。

▶ 5.7 无形资产的税筹方案

无形资产税务筹划方案主要关注如何合法、有效地降低无形资产的税务负担，提高税务效率。

1. 税务筹划方法

（1）合理利用税收政策：关注国家对无形资产的相关税收政策，如研发费用的加计扣除、技术转让的税收优惠等，确保企业充分享受政策红利。

合理利用税收协定，对于跨国企业，可以通过税收协定降低双重征税的风险。

（2）合理确定无形资产的价值：在无形资产评估时，应遵循客观、公正的原则，确保资产价值真实反映其经济实质。

通过合理的评估方法，如市场法、收益法等，确定无形资产的公允价值，为税务筹划提供依据。

（3）优化无形资产转让和许可方式：对于无形资产的转让和许可，应选择合适的交易方式，如独家许可、非独家许可等，以降低税务风险。

在跨国交易中，可以通过合理的定价策略降低转让定价风险，避免税务部门的审查。

（4）加强无形资产管理和保护：建立健全无形资产管理制度，规范无形资产的申请、登记、评估、转让等流程。

加强无形资产的法律保护，通过专利申请、商标注册等手段维护企业合法权益。

2. 案例分析

某科技公司主要从事软件开发和技术服务业务，拥有多项专利和著作权等无形资产。为了降低税务负担，该公司进行了以下税务筹划：

（1）研发费用加计扣除：该公司充分利用国家对研发费用的加计扣除政策，将研发支出在税前进行加计扣除，降低了应纳税所得额。

通过加强研发投入，不仅提高了企业的核心竞争力，还降低了税务成本。

（2）技术转让税收优惠：该公司将部分非核心技术的专利权转让给其他企业，享受了技术转让的税收优惠。

通过技术转让，公司实现了技术价值的最大化，同时降低了税务负担。

（3）优化无形资产许可方式：对于软件著作权等无形资产，该公司采用了灵活的许可方式，如按使用量收费、按时间收费等。

这种许可方式不仅有利于市场拓展，还能在一定程度上降低税务风险。

（4）加强无形资产管理和保护：该公司建立了完善的无形资产管理制度，对无形资产进行定期评估和价值更新。

同时，加强了无形资产的法律保护，通过专利申请和商标注册等手段，维护了企业的合法权益。

通过以上税务筹划方案的实施，该科技公司成功地降低了无形资产的税务负担，提高了税务效率，为企业的可持续发展提供了有力支持。

5.8 产品自制与外购的税筹方案

产品自制与外购的税务筹划方案主要关注如何根据企业的实际情况和税收政策，合理选择生产方式以降低税务成本并提高整体效益。

1. 税务筹划方法

（1）产品自制税务筹划：充分利用研发费用加计扣除政策：对于自主研发的产品，企业可以充分利用研发费用加计扣除政策，降低应纳税所得额。

考虑固定资产折旧政策：自制产品涉及的生产设备可以计入固定资产，通过折旧方式在税前扣除，降低税务成本。

关注增值税政策：对于自制产品，企业需关注增值税的进项税额抵扣政策，确保合理降低增值税负担。

（2）产品外购税务筹划：合理选择供应商：外购产品时，企业应选择具有合法税务资质、能提供合规发票的供应商，确保进项税额的充分抵扣。

关注关税和进口环节税：对于进口产品，企业需关注关税和进口环节税政策，合理规划进口渠道与方式，降低税务成本。

考虑资金占用成本：外购产品可能导致企业资金占用增加，从而产生利息支出等税务成本。企业需综合权衡资金成本和税务成本，做出合理决策。

2. 案例分析

某制造企业面临产品自制与外购的决策问题。经过综合考虑，企业决定对部分产品采取自制方式，对另一部分产品采取外购方式。以下是具体的税务筹划分析：

（1）产品自制部分：该企业针对自制产品，加大了研发投入，充分利用研发费用加计扣除政策，降低了应纳税所得额。

同时，企业购置了先进的生产设备，计入固定资产并通过折旧方式在税前扣除，进一步降低了税务成本。

在增值税方面，企业合理规划和管理进项税额的抵扣，确保了增值税负担的合理降低。

（2）产品外购部分：该企业在选择供应商时，优先考虑了具有合法税务资质、能提供合规发票的供应商，确保了进项税额的充分抵扣。

对于进口产品，企业合理规划了进口渠道和方式，降低了关税和进口环节税的负担。

在资金占用方面，企业通过与供应商协商合理的付款方式和期限，降低了资金占用成本，从而减少了税务成本。

通过综合运用产品自制与外购的税务筹划方案，该制造企业成功地降低了税务成本，提高了整体效益。这一案例表明，在产品自制与外购的决策过程中，企业应根据自身情况和税收政策进行合理选择，以实现税务成本的优化和整体收入的增加。

5.9 资产租赁与购买的税筹方案

资产租赁与购买的税务筹划是企业在资产获取方式选择上需要重点考虑的问题。正确的税务筹划不仅可以降低企业的税务成本，还能提高企业的资金使用效率。下面将详细论述资产租赁与购买的税务筹划，并结合具体案例进行分析。

1. 税务筹划方法

（1）资产租赁的税务筹划：利息支出的税前扣除：租赁资产通常涉及利息支出，这部分支出可以在税前扣除，从而降低企业的应纳税所得额。

避免大额资金占用：租赁方式可以避免企业一次性投入大量资金购买资产，减轻企业的资金压力，同时保留资金用于其他投资或经营活动。折旧与租金支出的权衡：租赁费用通常可以全额在税前扣除，而购买资产则可以通过折旧方式在税前扣除。

（2）资产购买的税务筹划：折旧政策的利用：购买资产后，企业可以利用折旧政策在税前扣除资产的折旧费用，从而降低应纳税所得额。

资本增值的潜在收益：资产购买后，随着资产的使用和价值的提升，企业可能获得资本增值的潜在收益。

资金占用成本的考虑：购买资产需要一次性投入大量资金，可能导致企业资金占用成本（如贷款利息等）增加。

2. 案例分析

某物流公司面临扩大业务规模的需求，需要增加运输车辆。在资产获取方式上，公司面临租赁和购买两种选择。以下是具体的税务筹划分析：

（1）资产租赁方案：公司选择租赁运输车辆，通过支付租金的方式获得车辆使用权。租金支出可以在税前全额扣除，降低了公司的应纳税所得额。

由于无须一次性投入大量资金购买车辆，公司保留了足够的现金流用于其他投资或经营活动，提高了资金使用效率。

然而，租赁方式可能导致公司长期支付租金，而无法获得资产的所有权和潜在的资本增值收益。

（2）资产购买方案：公司选择购买运输车辆，通过支付购车款项获得车辆所有权。购车款项可以通过折旧政策在税前扣除，降低应纳税所得额。

随着车辆的使用和价值的提升，公司可能获得资本增值的潜在收益。

然而，购买车辆需要一次性投入大量资金，可能导致公司资金压力增大，影响其他投资或经营活动的开展。

综合考虑税务筹划和资金使用情况，该物流公司最终选择了资产租赁方案。通过租赁方式，公司既降低了税务成本，又保留了足够的现金流用于其他投资或经营活动，实现了税务筹划和资金使用的双重优化。

通过以上案例可以看出，资产租赁与购买的税务筹划需要根据企业实际情况和税收政策进行综合考虑。在选择资产获取方式时，企业应权衡税务成本、资金使用效率、资产所有权和资本增值等因素，选择最适合自己的方案。

▶ 5.10 运费的税筹方案

运费的税务筹划是企业在经营活动中需要考虑的重要问题。合理的运费税务筹划可以提高企业的经济效益，降低企业的税负压力。

1. 税务筹划方法

（1）选择合适的运费支付方式：可以选择直接支付运费或通过第三方物

流公司运输。在考虑成本和税收因素的基础上，选择合适的运费支付方式。

（2）合理利用税收优惠政策：一些地区对物流行业有税收优惠政策，企业可以了解相关政策，合理安排运输活动。

（3）合理划分收入和费用的界限：在运费结算中，企业应合理划分收入和费用的界限，避免重复计税。

（4）利用运费发票进行税务筹划：企业应取得合规的运费发票，以便进行税务申报。同时，合理利用运费发票可以降低企业的税负。

2. 案例分析

某电商公司是一家在线零售商，主要销售电子产品。在经营活动中，公司涉及向客户收取运费的问题。以下是具体的税务筹划分析：

（1）选择合适的运费支付方式：该公司可以选择与物流公司直接合作，或通过第三方物流公司运输。在考虑成本和税收因素的基础上，该公司选择了与物流公司直接合作，以降低运营成本并享受当地的税收优惠政策。

（2）合理利用税收优惠政策：该公司所在地对物流行业有税收优惠政策，公司充分利用这一政策，降低了运费税负。

（3）合理划分收入和费用的界限：在运费结算中，该公司与客户签订合同，明确运费金额和支付方式。同时，该公司与物流公司签订运输协议，明确收入和费用的界限，避免了重复计税。

（4）利用运费发票进行税务筹划：该公司要求物流公司提供合规的运费发票，以便进行税务申报。在选择物流公司时，该公司会考虑其开具发票的能力和信誉，以确保发票的真实性和合规性。

通过以上税务筹划措施，该电商公司在运费方面实现了经济收入的增加和税负的合理控制。最终，不仅降低了运营成本，还提高了客户满意度，促进了业务发展。

第 6 章

消费税的税务筹划

消费税的税务筹划方法多种多样，以下详细论述几种常见的消费税税务筹划方法。

1. 利用结转销售收入合理避税

企业可以通过合理规划和安排销售收入的结转方式实现避税目的。具体来说，可以通过选择有利的销售收入确认时点，以及合理安排销售收入的入账科目，来影响应税消费品的计税基础，从而降低应纳税额。

2. 利用先销售后入股方式避税

企业可以考虑采用先销售后入股的方式来进行税务筹划。企业可以先将应税消费品销售给关联企业，然后再以股权形式投资，从而避免在销售环节缴纳消费税。需要注意的是，这种方式需要符合相关法律法规的规定，避免涉嫌逃税或避税行为。

3. 设立独立核算的销售机构

企业可以设立独立核算的销售机构，将应税消费品的销售业务从生产环节中分离出来。这样，销售机构在销售应税消费品时只需缴纳增值税，而无须缴纳消费税，从而降低了整体税负。同时，独立核算的销售机构还可以更好地管理销售业务，提高销售效率。

4. 利用委托加工产品合理避税

当企业有委托加工产品的业务时，可以利用委托加工方式来达到避税的目的。委托加工应税消费品时，可以在委托加工合同中约定合理的加工费用、材料成本等，以降低计税基础，减少应纳税额。

5. 利用税率的不同合理避税

消费税针对不同类型的应税消费品设置了不同的税率。企业可以根据税率差异，合理规划生产和销售应税消费品，选择税率较低的消费品进行生产和销售，从而降低整体税负。

6. 利用全额累进税率进行税务筹划

消费税中，某些应税消费品采用全额累进税率计算税额。企业可以通过合理规划和调整应税消费品的销售数量和价格，使其适应全额累进税率的计税规定，从而达到税务筹划的目的。

需要注意的是，税务筹划需要在合法合规的前提下进行，避免涉嫌逃税或避税行为。同时，企业还需要密切关注税收法规的变化，及时调整税务筹划策略，以确保其有效性。此外，企业在进行税务筹划时，应充分考虑自身实际情况和需求，选择最适合自己的筹划方法。

▶ 6.1 计税依据的税筹方案

消费税计税依据的税务筹划是企业需要考虑的重要问题之一。合理的消费税计税依据筹划可以提高企业的经济效益，降低企业的税负压力。

1. 税务筹划方法

（1）选择合适的计税方法：消费税有从价计征、从量计征和从价从量复合计征三种方法，企业应根据产品特点、市场需求和税收政策等因素选择合适的计税方法。

（2）合理利用税收优惠政策：一些地区对特定消费品有税收优惠政策，企业可以了解相关政策，合理安排生产和销售活动。

（3）合理划分销售额与利润的界限：在消费税计算中，销售额和利润的划分是很重要的。企业应合理划分销售额与利润的界限，避免重复计税。

2. 案例分析

某烟酒专卖店是一家经营高档酒类的企业，主要销售高端白酒和洋酒。以下是具体的税务筹划分析。

（1）选择合适的计税方法：考虑到高档酒类的市场需求和税收政策，该专卖店选择了从价计征的方法。这是因为高档酒类通常以不含税的价格作为销售额，而价格是消费税计税的重要依据。

（2）合理利用税收优惠政策：该地区对高档酒类销售有税收优惠政策，该专卖店充分利用这一政策，降低了消费税税负。

（3）合理划分销售额与利润的界限：该专卖店在销售过程中，合理划分销售额和利润的界限，确保消费税计算的准确性。同时，该专卖店还与供应商协商，确保取得的销售额单据合规，以便进行税务申报。

通过以上税务筹划措施，该烟酒专卖店在消费税方面实现了经济收入的增加和税负的合理控制。最终，不仅降低了经营成本，还提高了客户满意度，促进了业务发展。

▶▶ 6.2 纳税环节的税筹方案

消费税纳税环节的税务筹划是企业需要考虑的重要问题之一。在符合税收政策的前提下，合理选择纳税环节有助于降低企业的税负压力。

1. 税务筹划方法

（1）合理选择应税消费品的销售环节：消费税有不同的应税消费品，如最终消费品、委托加工和自产自销等。企业应根据产品特点、市场需求和税收政策等因素，合理选择销售环节，以降低消费税税负。

（2）避免重复征税：在消费税纳税环节的税务筹划中，应避免重复征税，确保税收计算的准确性。

2. 案例分析

某化妆品公司是一家生产高档化妆品的企业,主要销售口红、香水等产品。以下是具体的税务筹划分析。

（1）合理选择销售环节：考虑到高档化妆品的市场需求和税收政策,该化妆品公司选择在批发环节征收消费税。这是因为批发环节是消费税征收的重要环节之一,可以避免在生产环节重复征税。

（2）利用税收优惠政策：该化妆品公司充分利用了当地对高档化妆品的税收优惠政策,降低了消费税税负。

具体来说,该化妆品公司与批发商协商,将销售额和利润的划分问题处理得很好,确保了消费税计算的准确性。同时,该公司还与供应商协商,确保取得的销售额单据合规,以便进行税务申报。

通过以上税务筹划措施,该化妆品公司在消费税方面实现了经济收入的增加和税负的合理控制。最终,该化妆品公司不仅降低了经营成本,还提高了客户满意度,促进了业务发展。

6.3 分开税率的税筹方案

消费税不同税率商品拆分的税务筹划是企业税务管理中的重要环节。在消费税的征税范围中,不同商品可能适用不同的税率,而商品的组合销售或拆分销售直接影响企业应缴纳的消费税税额。因此,通过合理的商品拆分策略,企业可以有效降低税负,提高经济效益。

1. 税务筹划方法

（1）识别不同税率商品：企业需要明确所销售商品中哪些属于不同税率的消费品,这通常涉及对消费税政策的深入理解和准确判断。

（2）合理拆分销售：根据市场需求和税收政策,企业可以合理地将不同税率的商品拆分销售,以适用较低的税率。

（3）避免拆分带来的额外成本：在拆分销售过程中,企业需要权衡拆分带来的税负降低与可能产生的额外成本（如拆分、包装、运输等成本）

之间的关系。

2. 案例分析

某酒厂主要生产白酒和果酒两种产品，其中白酒适用较高的消费税税率，而果酒适用较低的消费税税率。为降低税负，该酒厂进行了以下税务筹划。

（1）识别不同税率商品：该酒厂首先明确了白酒和果酒分别适用的消费税税率，为后续的拆分销售提供了依据。

（2）合理拆分销售：该酒厂将原本捆绑销售的白酒和果酒进行拆分，单独销售果酒和白酒，以适用不同的税率。同时，该酒厂还针对市场需求推出了果酒与白酒的组合套餐，以满足消费者的不同需求。

（3）避免拆分带来的额外成本：在拆分销售过程中，该酒厂优化了生产和包装流程，降低了拆分带来的额外成本。同时，该酒厂还加强了与销售渠道的沟通合作，确保拆分销售能够顺利实施。

通过以上税务筹划措施，该酒厂成功降低了消费税税负，增加了经济收入。同时，拆分销售还使该酒厂的产品线更加丰富，满足了更多消费者的需求，有助于提升品牌形象和市场竞争力。

▶▶ 6.4 代购代销的税筹方案

消费税代购代销的税务筹划是通过合理利用代购代销模式，以达到降低税负、提高经济效益的目的。在消费税的征税范围内，有些商品可以通过代购代销模式进行销售，从而适用较低的消费税税率。企业可以通过合理的税务筹划，选择合适的代购代销模式，以达到降低税负的目的。

1. 税务筹划方法

（1）合理选择代购代销模式：根据商品特点和市场需求，企业应选择合适的代购代销模式，以适用较低的消费税税率。

（2）明确代购代销的适用范围：代购代销模式并非适用于所有商品，企业应深入理解消费税政策，明确哪些商品可以适用代购代销模式。

（3）加强与代购代销方的合作：在选择代购代销方时，企业应考虑其信誉、能力和服务水平，以确保代购代销业务顺利进行。

2. 案例分析

某化妆品公司主要生产和销售各类化妆品，其中部分化妆品适用较高的消费税税率。为了降低税负，该公司进行了以下税务筹划。

（1）合理选择代购代销模式：该公司根据市场需求和产品特点，选择部分化妆品进行代购代销。通过与代购代销方合作，将部分化妆品的销售权转移给对方，以适用较低的税率。

（2）明确适用代购代销的商品范围：在选择代购代销商品时，该公司深入理解消费税政策，明确了哪些化妆品可以适用代购代销模式。例如，该公司将部分高端护肤品进行拆分销售，委托专业美容院代售，以适用较低的税率。

（3）加强与代购代销方的合作：该公司选择了信誉良好、服务水平高的美容院合作，并与其建立了长期稳定的合作关系。在合作过程中，双方共同制定了合理的销售策略，确保了业务的顺利进行。

通过以上税务筹划措施，该公司成功降低了消费税税负，增加了经济收入。同时，代购代销模式还为该公司拓宽了销售渠道，增加了市场份额，有助于提升品牌形象和市场竞争力。

6.5 先销售后包装的税筹方案

消费税的税务筹划方法之一是先销售后包装。这种方法是指企业在销售商品时，先将商品销售出去，然后再进行包装，以适用较低的消费税税率。具体来说，企业可以通过以下方法进行税务筹划。

1. 销售与包装分开核算

企业可以将销售和包装两个环节分开核算，并在不同时间进行。在销售环节，企业应按照销售收入缴纳消费税，而在包装环节则无须缴纳消费税。这种方法适用于包装物不随商品销售的情形。例如，企业可以将商品直接交给客户，由客户自行包装或委托其他单位进行包装。这样，企业只需在销售环节缴纳消费税即可。

2. 采用定额包装物

对于某些特定的商品，企业可以采用定额包装物进行销售和包装。具体来说，企业可以事先按照一定数量或金额设定固定的包装物费用，并明确包装物的使用方式和回收方式。这样一来，企业就可以在销售环节一次性缴纳包装物费用所对应的消费税，而在包装环节无须再缴纳消费税。这种方法适用于可重复使用的包装物。

案例分析

某电子产品公司主要生产和销售智能手表等高科技产品，其中部分产品适用较高的消费税税率。为了降低税负，该公司进行了以下税务筹划：

（1）销售与包装分开核算：该公司将智能手表的销售和包装两个环节分开核算，并明确了回收方式和费用标准。在销售环节，该公司按照销售收入缴纳消费税，而在包装环节则按照事先约定的费用标准缴纳消费税。这样，该公司既避免了重复缴税的问题，又保证了业务的顺利进行。

（2）采用定额包装物：针对部分可重复使用的包装物，该公司采用了定额包装物的方式进行销售和包装。例如，该公司为智能手表提供的一次性保护套和防尘罩等包装物，按照一定的数量或金额设定固定的费用标准，并明确了回收方式和时间。这样，该公司可以在销售环节一次性缴纳包装物费用所对应的消费税，避免了重复缴税的问题。

通过以上税务筹划措施，该公司成功降低了消费税税负，增加了经济收入。同时，先销售后包装的方式还为该公司拓宽了销售渠道，增加了市场份额，有助于提升品牌形象和市场竞争力。

需要注意的是，先销售后包装的税务筹划方法需要结合实际情况和市场需求进行综合考虑。企业应深入理解税收政策并寻求专业税务人员的建议和帮助，以确保筹划方案的合法性和有效性。

▶▶ 6.6 混合销售的税筹方案

商品混合销售的税务筹划方法主要指的是企业在销售过程中，在同时涉及应税消费品和非应税消费品，或者涉及不同税率、不同税目的应税消费品时，通过合理的税务筹划，以达到降低税负、提高经济效益的目的。

1. 合理划分应税与非应税商品

在混合销售中，企业可以通过合理划分应税与非应税商品，将税负较低的商品或服务从应税范围中剥离出来，以降低整体税负。例如，某化妆品公司在销售化妆品的同时，还提供美容咨询服务。根据税法规定，化妆品属于应税消费品，而美容咨询服务不属于应税范围。因此，该公司可以将美容咨询服务与化妆品销售分开核算，以降低化妆品销售的税负。

2. 利用税率差异进行筹划

当混合销售涉及不同税率的应税消费品时，企业可以合理调整销售策略，将低税率商品与高税率商品搭配销售，利用税率差异降低税负。例如，某烟草公司在销售卷烟的同时，还销售一些烟草器具。卷烟的消费税税率较高，而烟草器具的税率较低。该公司可以考虑在销售卷烟时搭赠或优惠销售烟草器具，以平衡税负。

3. 利用税目差异进行筹划

在混合销售中，不同税目的应税消费品适用的税率和征税方法可能存在差异。企业可以通过合理利用这些差异进行税务筹划。例如，某酒厂既生产白酒又生产啤酒。白酒和啤酒属于不同的税目，适用不同的税率和征税方法。该酒厂可以根据市场需求和税负情况，调整白酒和啤酒的生产和销售比例，以优化税负结构。

案例分析

某大型超市在经营过程中，同时销售食品、日用品、化妆品等应税消费品和书籍、文具等非应税商品。为了降低税负，该超市进行了以下税务筹划。

（1）合理划分应税与非应税商品：超市将书籍、文具等非应税商品与食品、日用品等应税消费品进行明确区分，并分别核算销售额和税额。这样，该超市可以准确计算应税消费品的应纳税额，避免将非应税商品纳入应税范围。

（2）利用税率差异搭配销售：该超市在销售化妆品时，发现化妆品的税率较高，而某些日用品的税率较低。为了降低化妆品的税负，该超市采取了搭配销售策略，即在购买化妆品时赠送或优惠销售一些日用品。这样，通过平衡销售额和税率，降低了整体税负。

通过以上税务筹划方法，该超市成功降低了消费税税负，增加了经济收入。同时，合理的税务筹划还有助于提升该超市的市场竞争力，吸引更多消费者。

需要注意的是，在进行混合销售的税务筹划时，企业应确保筹划方案的合法性和合规性，避免触碰税法红线。同时，企业还应密切关注税收政策的变化和市场需求的调整，以便及时调整筹划方案，确保税务筹划的有效性和可持续性。

▶ 6.7 利用好自制品的税筹方案

利用好自制品的税务筹划方法，主要指的是企业通过合理利用自身生产的产品进行税务筹划，以达到降低税负、提高经济效益的目的。

1. 自制品用于连续生产应税消费品

根据消费税政策，纳税人将自产的应税消费品用于连续生产应税消费品的，不纳税。企业可以利用这一政策，将自制品作为原材料或半成品，投入后续应税消费品的生产中，从而避免在自制品环节缴纳消费税。这样不仅可以降低税负，还有助于提高资源的利用效率。

2. 自制品用于非应税项目或职工福利等

当企业将自制品用于非应税项目、职工福利、个人消费或投资入股等方面时，应视同销售，并按照规定缴纳消费税。然而，企业可以通过合理的税务筹划，降低这一部分的税负。例如，企业可以将自制品以较低的价格销售给关联企业或个人，再由关联企业或个人以市场价格销售给最终消费者。这样，企业可以在保持总体税负不变的前提下，将部分税负转移到关联企业或个人身上，从而降低自身的税负。

3. 利用自制品进行产品升级或改进

企业可以通过对自制品进行升级或改进，提高其附加值和市场竞争力，从而增加销售额和利润。同时，升级或改进后的产品可能适用更低的消费税税率或享受税收优惠政策，进一步降低税负。例如，某汽车制造商在生产汽车的同时，也生产汽车零部件。为了降低税负并提高产品竞争力，该制造商将部分自产零部件用于汽车生产的升级改进。这不仅提高了汽车的性能和品质，还使得升级后的汽车适用更低的消费税税率，从而降低了整体税负。

案例分析

某烟草公司除了生产销售卷烟外，还利用自身技术优势生产烟用滤嘴棒。根据消费税政策，烟用滤嘴棒属于应税消费品。然而，该公司并未将自产的滤嘴棒直接对外销售，而是将其作为原材料投入卷烟生产中。由于滤嘴棒用于连续生产应税消费品卷烟，因此该公司在滤嘴棒环节并未缴纳消费税。

通过这种方式，该烟草公司成功利用自制品进行税务筹划，降低了税负。同时，由于滤嘴棒是卷烟生产的重要原材料，其质量和性能对卷烟的品质和口感具有重要影响。因此，使用自产的高品质滤嘴棒还有助于提升卷烟的市场竞争力，增加销售额和利润。

需要注意的是，在进行自制品的税务筹划时，企业应确保筹划方案的合法性和合规性，避免触碰税法红线。同时，企业还应根据自身情况和市场需求，选择合适的筹划方法，确保税务筹划的有效性和可持续性。此外，企业还应密切关注税收政策的变化和市场需求的调整，以便及时调整筹划方案，确保税务筹划的时效性和灵活性。

6.8 首饰行业的税筹方案

珠宝金银首饰行业的税务筹划方法主要涉及合理利用税收政策、优化业务流程以及合理定价等方面。

1. 合理利用税收政策

珠宝金银首饰行业在消费税政策方面享有一定的优惠和特殊规定。例如，某些特定的金银首饰可能享受较低的消费税税率或免税政策。企业可以通过深入了解并合理利用这些政策，降低税负。

例如，根据政策规定，某些具有特定文化或艺术价值的金银首饰可以免征消费税。企业可以积极申请这类认定，一旦通过，便可享受免税优惠，从而减轻税负。

2. 优化业务流程

珠宝金银首饰行业在生产和销售过程中，可以通过优化业务流程来降低税负。例如，企业可以合理安排生产和销售进度，确保在产品生产完成后及时销售，避免库存积压导致的消费税增加。

此外，企业还可以考虑将部分生产环节外包给具有税收优惠政策的地区或企业，以降低整体税负。例如，将部分加工环节转移到享受税收优惠政策的地区进行，可以降低该环节的消费税支出。

3. 合理定价

合理定价是珠宝金银首饰行业税务筹划的重要一环。企业可以根据市场需求、产品成本以及税收政策等因素，制定合理的销售价格。通过合理定价，企业可以在保证利润的同时，避免因价格过高而增加消费税负担。

例如，企业可以根据不同产品的成本和市场定位，制定不同的价格策略。对于高成本、高附加值产品，可以适当提高售价以覆盖消费税支出；而对于低成本、普及型产品，则可以采取薄利多销的策略，降低售价吸引更多消费者，从而增加销售额和市场份额。

案例分析

某珠宝企业主要生产销售金银首饰和珠宝玉器。为了降低税负并提高经济效益，该企业采取了以下税务筹划方法。

（1）合理利用税收政策：该企业深入了解消费税政策，发现其生产的某款具有民族特色的金银首饰符合免税条件。于是，该企业积极申请并获得了免税认定。这一举措使得该企业在销售这款首饰时无须缴纳消费税，降低了税负。

（2）优化业务流程：该企业将部分加工环节外包给了一家可享受税收优惠政策的合作企业。通过这一举措，该企业降低了加工环节的消费税支出，增加了整体经济收入。

（3）合理定价：该企业根据产品成本、市场需求以及竞争对手的定价情况，制定了合理的销售价格。对于高成本、高附加值产品，该企业适当提高了售价以覆盖消费税支出；而对于低成本、普及型产品，该企业则采取了薄利多销的策略,吸引更多消费者,提高了市场份额。

通过以上税务筹划方法的应用,该企业在保证产品质量和市场竞争力的同时,成功降低了税负并增加了经济收入。

需要注意的是,在进行税务筹划时,企业应确保筹划方案的合法性和合规性,避免触碰税法红线。同时,企业还应根据自身情况和市场需求选择合适的筹划方法,确保税务筹划的有效性和可持续性。此外,随着税收政策的变化和市场环境的调整,企业应密切关注相关动态并及时调整筹划方案以适应新的形势。

6.9 酒业公司的税筹方案

酒业公司的税务筹划主要涉及合理利用税收政策、优化业务流程以及合理定价等方面。

1. 合理利用税收政策

酒业公司可以深入研究并充分利用消费税政策,如针对不同类型和规模的酒的消费税税率以及相关优惠政策,来降低税负。

例如,一些国家对优质酒、特殊用途酒等给予了税收优惠或免征消费税的特殊政策。酒业公司可以通过研究市场趋势和消费者需求,推出符合政策要求的优质酒,从而享受税收优惠。

2. 优化业务流程

酒业公司可以通过优化业务流程来降低税负。例如,酒的生产和销售环节涉及流转税、附加税、消费税等税种。优化流程可以提高效率,降低流转过程中的重复纳税环节,从而减轻整体税负。

例如,酒业公司可以优化供应链管理,与供应商建立长期稳定的合作关系,避免频繁更换供应商导致的重复纳税。此外,通过合理安排生产和销售进度,确保在产品生产完成后及时销售,避免库存积压导致的消费税增加。

3. 合理定价

酒业公司可以通过合理定价来降低税负。定价策略不仅要考虑市场需求、竞争状况和成本因素，还要考虑消费税的影响。通过合理定价，企业可以在保证利润的同时，避免因价格过高而增加消费税负担。

例如，企业可以根据不同产品的成本和市场定位，制定不同的价格策略。对于高成本、高附加值产品，可以适当提高售价以覆盖消费税支出；而对于低成本、普及型产品，则可以采取薄利多销的策略吸引更多消费者。

某酒业公司根据市场需求推出了一款高档白酒，考虑到消费税政策对其税收影响，该公司在定价时进行了精细的计算和筹划。由于该产品符合国家对优质酒的消费税优惠政策，该公司将税率较低的高档白酒的价格设定在消费者可以接受的范围之内，同时保证了利润空间。通过这样的筹划，该公司在保证产品质量的同时，成功降低了税负并提高了经济效益。

4. 利用税收抵扣和延期政策

酒业公司还可以利用一些税收抵扣和延期政策来降低税负。例如，企业可以利用相关费用支出进行抵扣，或者通过合理安排纳税时间来减轻现金流压力。

某酒业公司为提高生产效率，投入了大量资金用于设备更新和技术升级。该公司充分利用这些投入的税收抵扣政策，有效降低了实际税负。此外，该公司还积极申请税收延期政策，合理安排纳税时间，避免了现金流压力过大的情况。

综上所述，酒业公司的税务筹划方法包括合理利用税收政策、优化业务流程以及合理定价等。通过这些筹划方法的应用，酒业公司可以在保证经济效益的同时，降低税负并提高竞争力。需要注意的是，在进行税务筹划时，企业应确保筹划方案的合法性和合规性，避免触碰税法红线。同时，企业还应根据自身情况和市场需求选择合适的筹划方法，确保税务筹划的有效性和可持续性。

第7章

企业所得税的税务筹划

企业所得税的税务筹划方法对企业来说至关重要，有助于降低税负，提高经营效率。

1. 合理利用税收优惠政策

政府为了鼓励特定行业、特定地区、特定投资方式等，会制定一系列税收优惠政策。了解并充分利用国家和地方政府制定的企业所得税税收优惠政策是税务筹划的关键。

2. 合理安排企业组织形式

企业组织形式不同，其税收待遇也可能不同。例如，个人独资企业、合伙企业不缴纳企业所得税，只缴纳个人所得税。而公司制企业则需要缴纳企业所得税。因此，在设立企业时就应当考虑组织形式，以合理安排企业的税收待遇。

3. 合理利用亏损抵减所得税

企业可以根据自身经营状况和未来发展趋势，合理规划亏损抵减所得税政策。在企业面临亏损或预计亏损的情况下，可以通过其他途径增加亏损抵减金额，以降低所得税负担。

4. 合理利用纳税地点和方式

企业可以选择不同的纳税地点和方式，以实现降低税负的目的。在选择纳税地点时，可以综合考虑当地的税收政策、税负水平、税收优惠等因素，以选择最适合自己的纳税地点。同时，可以采用合理的纳税方式，如预缴和汇缴相结合的方式，以减少应纳税额，降低税负。

5. 利用债务资金筹划

债务资金可以为企业提供额外的资金来源，同时也可能成为税务筹划的重要工具。在债务资金安排上，可以通过适当延长债务期限、合理分配利息费用等方式，降低当期应纳税额。

6. 利用资产重组和转移筹划

在企业发展过程中，难免会出现资产重组和资产转移的情况。通过合理规划资产重组和资产转移，可以降低企业的税负。例如，可以将部分资产转移到低税负地区或低税负行业，以享受当地的税收优惠政策；也可以通过股权转让、资产租赁等方式进行税务筹划，以达到降低税负的目的。

7. 合理规划企业资本结构

资本结构是企业财务决策的重要组成部分之一。合理的资本结构可以降低企业的财务风险，同时也可以为企业提供更多的税务筹划空间。通过合理规划企业的资本结构，可以控制负债比例和利息费用支出，从而降低企业的税负。

综上所述，企业所得税的税务筹划方法涵盖了利用税收优惠政策、合理安排企业组织形式、利用亏损抵减所得税、选择合适的纳税地点和方式、利用债务资金筹划、资产重组和转移筹划以及合理规划企业资本结构等多个方面。在实际操作中，企业应根据自身情况和需求，灵活运用这些税务筹划方法，以实现降低税负、提高经营效率的目标。同时，企业还应该关注税收法规变化和动态，及时调整税务筹划方案，以确保税务筹划的合规性和有效性。

▶ 7.1 固定资产及折旧的税筹方案

企业所得税中固定资产及折旧的税务筹划方法主要包括以下几个方面。

1. 合理确定固定资产的计税基础

固定资产的计税基础是企业所得税计算中重要的扣除项目，企业应当根据自身的经营状况和财务状况，合理确定固定资产的计税基础。首先，企业应结合自身的资金实力和发展战略，确定合适的固定资产投资规模。其次，企业应根据国家政策、行业标准等，选择适合自身的固定资产类型和性能，确保能够满足生产需求，同时也符合国家政策导向。

2. 合理选择折旧方法

折旧是企业所得税计算中的重要扣除项目，企业应合理选择折旧方法，以降低税负。常见的折旧方法包括直线法、加速折旧法等，不同的方法在税负上存在差异。企业应根据自身的经营状况、财务状况和战略目标，选择适合自身的折旧方法。

例如，某酒业生产销售公司计划购置一台新型生产设备，该设备预计可使用年限为 5 年。在选择折旧方法时，该公司可以考虑采用加速折旧法，即在最初的几年内多提折旧，后期逐渐减少折旧费用。这样可以在初期减轻税负，同时不影响后期税负。

3. 合理利用税收优惠政策

企业应积极了解和利用国家针对固定资产及折旧的税收优惠政策，以降低税负。国家为了鼓励企业投资、促进经济发展，针对固定资产及折旧制定了多项税收优惠政策。企业应关注政策变化，积极申请相关优惠政策，降低实际税负。

接下来，结合具体案例进行分析：某高科技制造企业计划购置一套新型生产线，预计可使用年限为 8 年。在选择折旧方法时，该企业考虑到国家针对科技创新型企业实施了税收优惠政策，决定采用加速折旧法，并在申请税收优惠时提供了相关证明材料。最终，该企业成功申请到了税收优惠，实际税负得到了有效降低。

综上所述，企业所得税中固定资产及折旧的税务筹划方法包括合理确定固定资产的计税基础、合理选择折旧方法以及合理利用税收优惠政策等。通过这些筹划方法的应用，企业可以在保证经济效益的同时降低税负并提高市场竞争力。需要注意的是，在进行税务筹划时，企业应确保筹划方案的合法性和合规性，避免触碰税法红线。同时，企业还应根据市场情况和自身需求选择合适的筹划方法，确保税务筹划的有效性和可持续性。

7.2 存货计价方法的税筹方案

企业所得税中存货计价方法的税务筹划方法，对于降低企业税负、优化财务管理具有重要意义。

1. 存货计价方法概述

企业存货的计价方法主要包括先进先出法（FIFO）、后进先出法（LIFO）和加权平均法（Weighted Average Cost）。不同计价方法对企业所得税的影响不同，在税筹过程中应选择合适的计价方法。

2. 税务筹划方法

（1）利用市场波动选择计价方法

当市场价格波动较大时，企业可以根据市场走势选择合适的计价方法。例如，在物价上涨时，采用后进先出法可以推迟高成本存货的计入，从而降低应纳税所得额；而在物价下跌时，采用先进先出法则可以尽早计入低成本存货，减少税负。

（2）合理利用加权平均法平滑税负

加权平均法能够平滑各期成本，使利润分布更加均匀。这有助于避免在物价波动较大时，由于采用其他计价方法导致的税负波动。通过加权平均法，企业可以稳定税负，降低税务风险。

3. 案例分析

以一家制造企业为例，该企业采用不同存货计价方法在不同市场环境下的税务筹划情况如下：

（1）物价上涨时的税务筹划

在物价持续上涨期，该企业选择采用后进先出法，早期计入较低成本的存货，后期计入高成本的存货。这样，在物价上涨过程中，企业的应纳税所得额会相对较低，从而降低税负。

（2）物价下跌时的税务筹划

当物价呈现下跌趋势时，该企业及时调整计价方法，采用先进先出法，早期计入高成本的存货，后期计入低成本的存货。在物价下跌过程中，企业可以尽早利用低成本存货的计价优势降低应纳税所得额，进一步减轻税负。

（3）物价稳定时的税务筹划

在物价相对稳定的时期，该企业选择采用加权平均法，以平滑各期成本，避免由于市场波动导致的税负波动。通过加权平均法，企业可以保持稳定的税负水平，降低税务风险。

4. 注意事项

在进行存货计价方法的税务筹划时，企业需要注意以下几点。

（1）合法性：确保所选用的计价方法符合税法规定，避免违法风险。

（2）适用性：根据企业的实际情况和市场环境选择合适的计价方法，以达到最佳的税务筹划效果。

（3）持续性：定期对存货计价方法进行审查和调整，以适应市场变化和企业发展的需要。

综上所述，企业所得税中存货计价的税务筹划对于降低税负、优化财务管理具有重要意义。企业应结合市场环境和自身情况灵活选择合适的计价方法，以实现税务筹划的目标。

7.3 捐赠活动的税筹方案

企业所得税纳税过程中，捐赠是一项常见的体现企业社会责任的行为，同时也是税务筹划的一个重要方面。通过合理的税务筹划，企业可以在履行社会责任的同时优化税负，提升经济效益。

1. 税务筹划方法

（1）选择合适的捐赠对象：税法通常对捐赠对象有一定的要求，例如需要其必须是符合规定的公益慈善组织。因此，企业在捐赠时应选择符合条件的对象，以确保捐赠支出能够得到税务上的认可。

（2）合理安排捐赠时间和金额：企业可以根据自身的财务状况和税务筹划需求，合理安排捐赠时间和金额。在年度利润较高时适当增加捐赠支出，可以有效降低应纳税所得额，从而减轻税负。

（3）充分利用捐赠扣除政策：税法通常允许企业在计算应纳税所得额时，扣除一定比例的捐赠支出。企业应充分了解并利用这一政策，确保捐赠支出得到充分的税务扣除。

2. 案例分析

以一家大型制造企业为例，该企业积极履行社会责任，每年都会实施一定规模的捐赠。以下是企业针对捐赠活动的税务筹划。

（1）选择符合条件的捐赠对象：该企业在进行捐赠时，选择了当地一家符合税法规定的公益慈善组织作为捐赠对象。这样，企业的捐赠支出就可以得到税务上的认可，为后续税务扣除打下基础。

（2）合理安排捐赠时间和金额：该企业根据自身财务状况和税务筹划需求，将捐赠活动安排在年度利润较高的时期，并适当增加捐赠金额。这样做既履行了社会责任，又有效降低了应纳税所得额，从而减轻了税负。

（3）充分利用捐赠扣除政策：根据税法规定，企业可以在计算应纳税所得额时，扣除一定比例的捐赠支出。该企业充分了解并利用了这一政策，在年度税务申报时，将符合条件的捐赠支出进行了充分扣除。这不仅降低了企业的税负，还提高了企业的经济效益。

3. 注意事项

在进行捐赠活动的税务筹划时，企业需要注意以下几点。

（1）确保捐赠活动的真实性和合规性，避免虚假捐赠或违规操作带来的税务风险。

（2）及时了解并关注税法关于捐赠扣除政策的变化，确保企业能够充分利用相关政策进行税务筹划。

（3）综合考虑捐赠活动的社会效益和经济效益，确保企业在履行社会责任的同时，实现经济效益的最大化。

综上所述，企业所得税纳税过程中捐赠活动的税务筹划方法对于优化税负、提升经济效益具有重要意义。企业应选择合适的捐赠对象、合理安排捐赠时间和金额、充分利用捐赠扣除政策等方法进行税务筹划，以实现优化税务和履行社会责任的双重目标。

案例："买一赠一"如何缴税？

小稽所在公司主要从事家用高压锅的生产，执行的是《企业会计制度》。最近，为了扩大销售、提高市场占有份额，公司打算采取"买一赠一"的方式促销，即顾客买一个高压锅（市场价 100 元、成本 70 元），送一个公司生产的市价为 10 元的精美台历（成本 6 元）。请问，对这种"买一赠一"的销货方式该如何计算缴纳税款？又怎样进行账务处理？

以"买一赠一"方式促销商品，主要涉及流转税和所得税问题。按照会计制度的规定，赠出商品体现的是一种内部结转关系，而不是销售行为，不符合销售成立的条件，因此会计上按成本转账。但是，在申报纳税时，应按税法规定的视同销售行为，计算各项应缴税款。

假定公司当期销售 100 个高压锅，同时送出 100 个台历，税务处理如下：

流转税方面，确认销售高压锅的收入，其销项税额为 1700（100×100×17%）元。

借：银行存款或应收账款等　　　　　　　　　　11 700
　　贷：主营业务收入　　　　　　　　　　　　10 000
　　　　应交税金——应交增值税（销项税额）　　1700

同时，结转高压锅的销售成本：

借：主营业务成本　　7 000
　　贷：库存商品　　　7 000

《增值税暂行条例实施细则》第四条规定，将自产、委托加工或购买的货物无偿赠送他人，应视同销售计算增值税销项税额。公司赠送台历的销项税额为 170（10×100×17%）元。

借：营业费用　　　　770
　　贷：库存商品　　　600

应交税金——应交增值税（销项税额）　　　170

从以上看出，公司当期应申报增值税销项税额 1 870（1 700 + 170）元，并据此计算城市维护建设税及教育费附加。

所得税方面，财政部、国家税务总局《关于企业所得税几个具体问题的通知》（财税字〔1996〕079 号）规定："企业将自己生产的产品用于在建工程、管理部门、非生产性机构、捐赠、集资、广告、样品、职工福利奖励等方面时，应视同对外销售处理。其产品的销售价格，应参照同期同类产品的市场销售价格；没有参照价格的，应按成本加合理利润的方法组成计税价格。"因此，公司向顾客赠送台历的行为应视同销售，计算其相应的所得 400（10×100-6×100）元。因此，公司在申报当期企业所得税时，还应将赠品的所得调增为应纳税所得额。

▶ 7.4 销售变租赁的税筹方案

企业所得税纳税过程中，销售变租赁是一种常见的税务筹划方法。这种方法的核心在于通过改变交易的性质——从销售转变为租赁——改变企业的税务负担和现金流状况。

1. 税务筹划方法

（1）交易性质转变：企业可以将原本打算销售的设备或资产转变为租赁形式，通过签订租赁合同，将资产的使用权而非所有权转让给承租方。这样，企业可以继续保留资产的所有权，同时获得稳定的租金收入。

（2）税务处理差异利用：销售和租赁在税务处理上存在显著差异。销售涉及资产转让的一次性收益，需要缴纳相应的企业所得税；而租赁则可以将租金收入分摊到多个纳税年度，实现税收的分期缴纳。合理利用这种差异，企业可以优化税务结构，降低税负。

（3）现金流管理优化：销售变租赁还可以优化企业的现金流管理。相较于一次性销售所得，租金收入更为稳定且可持续，有助于企业改善现金流状况，降低资金压力。

2. 案例分析

以一家制造企业为例，该企业拥有一批生产设备，原本计划将其销售给一家下游企业。然而，为了优化税务负担和现金流状况，企业决定采用销售变租赁的税务筹划方法。

（1）交易性质转变实施：该企业与下游企业签订了租赁合同，将生产设备使用权出租给下游企业，并约定了租赁期限和租金支付方式。这样，该企业保留了设备所有权，同时获得了稳定的租金收入。

（2）税务处理差异利用效果：通过销售变租赁，该企业避免了因销售设备而产生的一次性大额所得税负担。相反，租金收入可以分期计入应纳税所得额，降低了企业的税负。此外，由于租金收入相对稳定，该企业可以更好地预测和规划税务支出，提高了税务管理效率。

（3）现金流管理优化效果：销售变租赁使得该企业获得了稳定的租金收入流，这有助于改善企业的现金流状况。相较于一次性销售所得，租金的持续流入可以更好地满足该企业的运营和发展需求，降低资金压力。

3. 注意事项

在采用销售变租赁的税务筹划方法时，企业需要注意以下几点。

（1）确保租赁合同的合法性和合规性，避免因合同问题引发的税务风险。

（2）充分了解并遵循相关税法规定，确保税务筹划的合法性和有效性。

（3）综合考虑税务筹划对企业整体经营和财务状况的影响，确保实现优化税务和增加经济收入的双重目标。

综上所述，销售变租赁是一种有效的企业所得税税务筹划方法。通过合理利用交易性质转变、税务处理差异和现金流管理优化等手段，企业可以优化税务结构、降低税负、改善现金流状况，从而提升整体竞争力。在实施过程中，企业需要谨慎操作，确保合法合规，避免潜在风险。

▶ 7.5 坏账转销的税筹方案

企业所得税纳税过程中，坏账转销是一种常见的税务筹划方法。这种方法的核心在于通过合理的会计处理，将坏账损失从当期的应纳税额中扣除，从而降低企业的税负。

1. 税务筹划方法

（1）会计处理调整：企业在进行会计核算时，可以通过合理调整坏账的会计处理方式，将其从当期的应纳税额中扣除。具体而言，企业可以保留一定的应收款项追索权，同时计提相应的坏账准备。当坏账实际发生时，企业可以冲减坏账准备，并将相应的金额从当期的应纳税额中扣除。

（2）合理利用税法规定：坏账转销的税务筹划需要充分了解并遵循相关税法规定。企业应当关注税法对于坏账转销的限制和要求，确保会计处理的合规性。同时，企业应当合理预计应收款项的风险，避免因坏账损失过多而影响正常运营。

（3）优化税务结构：通过坏账转销的税务筹划，企业可以优化税务结构，降低税负。在保持正常经营的前提下，企业可以通过合理调整会计处理和利用税法规定，实现税务优化和经济效益的提升。

2. 案例分析

以一家贸易公司为例，该公司在经营过程中发生了坏账损失，为了优化税务结构，公司决定采用坏账转销的税务筹划方法。

（1）会计处理调整实施：该公司对一笔较大的应收款项保留了一定的追索权，并计提了相应的坏账准备。当坏账实际发生时，该公司冲减了坏账准备，并将相应的金额作为坏账损失从当期的应纳税额中扣除。

（2）合理利用税法规定效果：通过坏账转销的税务筹划，该公司避免了因坏账损失过多而导致的额外税负。同时，该公司还可以利用应收款项追索权，维持正常的经营运作。

（3）优化税务结构效果：相较于直接核销坏账的处理方式，该公司通过会计处理调整和利用税法规定，实现了税务结构的优化。这有助于降低企业的整体税负，提高企业的经济效益。

3. 注意事项

在采用坏账转销的税务筹划方法时，企业需要注意以下几点：

（1）确保会计处理的合规性和合理性，避免因违规操作引发的税务风险。

（2）充分了解并遵循相关税法规定，确保税务筹划的有效性。

（3）综合考虑税务筹划对企业整体经营和财务状况的影响，确保实现优化税务和提高经济效益的双重目标。

综上所述，坏账转销是企业所得税纳税过程中常见的税务筹划方法。通过合理调整会计处理和利用税法规定，企业可以优化税务结构、降低税负、增加经济收入。在实施过程中，企业需要谨慎操作，确保合法合规，避免潜在风险。

7.6 税前扣除的税筹方案

企业所得税纳税过程中，税前扣除项目的税务筹划是一项至关重要的策略。通过合理的税务筹划，企业可以在遵守税法规定的前提下，充分利用税前扣除项目降低应纳税额，减轻税收负担。

1. 税务筹划方法

（1）充分了解税法规定：企业在进行税前扣除项目的税务筹划时，首先需要深入了解相关税法规定，明确哪些费用、损失和支出可以作为税前扣除项目。

（2）合理规划费用支出：企业应根据经营需要，合理规划各项费用支出，确保支出的真实性和合理性。通过合理安排生产经营活动，企业可以将一些可以扣除的费用支出在税前充分列支，降低应纳税所得额。

（3）充分利用税收优惠政策：税法规定了一些税收优惠政策，如研发费用加计扣除、残疾人就业保障金税前扣除等。企业应充分了解这些政策，并合理利用，以进一步降低税负。

2. 案例分析

以一家制造业企业为例，该企业在生产过程中需要进行设备升级和技术改造，同时招聘了一定数量的残疾人。为了降低税负，该企业采用了以下税前扣除项目的税务筹划方法。

（1）设备升级和技术改造费用的税务筹划：该企业在进行设备升级和技术改造时，将相关费用作为长期待摊费用处理，并在一定期限内分期摊销。这样，企业可以将一部分费用支出在税前扣除，降低当期应纳税额。

（2）残疾人就业保障金的税前扣除：该企业根据税法规定，为残疾员工支付了相应的就业保障金。这部分费用可以在税前扣除，进一步降低了企业的税负。

（3）综合利用税收优惠政策：该企业还充分利用研发费用加计扣除政策，加大了研发投入，并将相关费用进行加计扣除，进一步降低了应纳税所得额。

通过以上税前扣除项目的税务筹划方法，该企业在合法合规的前提下，成功降低了税负，提高了经济效益。

3. 注意事项

在进行税前扣除项目的税务筹划时，企业需要注意以下几点。

（1）确保费用的真实性和合理性，避免虚构或夸大费用支出。

（2）充分了解并遵循相关税法规定，确保税务筹划的合规性。

（3）结合企业的实际情况和经营需要，制订合适的税务筹划方案。

（4）持续关注税法政策的变化，及时调整税务筹划策略。

综上所述，税前扣除项目的税务筹划是企业所得税纳税过程中的重要环节。通过深入了解税法规定、合理规划费用支出以及充分利用税收优惠政策等方法，企业可以有效降低税负，提高经济效益。同时，企业需要遵守税法规定，确保税务筹划的合规性和有效性。

▶ 7.7 外币业务的税筹方案

企业所得税纳税过程中，外币业务的税务筹划是一项重要的策略。通过合理的税务筹划，企业可以充分利用汇率变动带来的机会降低应纳税所得额，减轻税收负担。

1. 税务筹划方法

（1）合理选择结算货币：企业在与境外客户进行交易时，应充分考虑汇率变动的影响，合理选择结算货币。在汇率较低时签订合同，有利于降低结算成本。

（2）运用远期外汇交易：企业可以利用远期外汇交易进行套期保值，规避汇率风险，降低汇兑损失。同时，企业可以提前或延期确认汇兑收益或支出，以实现税负的降低。

（3）合理利用金融工具：企业可以利用掉期、期货、期权等金融工具进行套利操作，在低风险前提下获取一定的收益，进而降低应纳税所得额。

2. 案例分析

以一家出口企业为例，该企业在与境外客户进行交易时采用了以下外币业务的税务筹划方法：

（1）合理选择结算货币：该企业与境外客户签订合同时，选择以美元作为结算货币。在签订合同时，美元汇率处于较低水平。在结算时，美元汇率上升，该企业使用较低的汇率实现了结算成本的降低。

（2）运用远期外汇交易：该企业利用远期外汇交易进行了套期保值，规避了汇率风险。在远期外汇交易中，该企业提前锁定了未来的汇率水平，避免了因汇率波动带来的损失。同时，该企业通过提前或延期确认汇兑收益，进一步降低了应纳税所得额。

（3）运用金融工具：该企业利用掉期金融工具进行套利操作，在低风险前提下获取了一定的收益。在操作过程中，该企业利用了不同货币之间的利率差异和汇率变动机会，实现了收益的增加。

通过以上外币业务的税务筹划方法，该企业在遵守税法规定的前提下，成功降低了税负，提高了经济效益。

3. 注意事项

在进行外币业务的税务筹划时，企业需要注意以下几点。

（1）确保财务数据的准确性，避免因核算错误导致税务筹划失败。

（2）关注汇率变动趋势，合理利用汇率变动机会降低税负。

（3）充分了解相关金融工具和交易方式，确保税务筹划的合规性和有效性。

（4）持续关注国际经济形势和汇率政策的变化，及时调整税务筹划策略。

综上所述，外币业务的税务筹划是企业所得税纳税过程中的重要环节。通过合理选择结算货币、运用远期外汇交易和金融工具等方法，企业可以有效降低税负，提高经济效益。同时，企业需要遵守税法规定，确保税务筹划的合规性和有效性。

▶ 7.8 长期投资核算方法的税筹方案

企业所得税纳税过程中，长期投资核算方法的税务筹划是降低税负、优化财务结构的关键环节。长期投资通常涉及股权、债权等多种形式的资产，因此，选择合适的核算方法对于企业的税务筹划至关重要。

1. 税务筹划方法

（1）成本法与权益法的选择：企业在长期股权投资中，可以选择成本法或权益法进行核算。在成本法下，投资成本以初始投资成本计量，后续变动不调整账面价值；而在权益法下，投资成本随被投资企业所有者权益的变动而调整。根据税法规定，企业可根据实际情况选择合适的核算方法，以优化税务筹划。

（2）合理利用税收优惠政策：国家针对长期投资出台了一系列税收优惠政策，如符合条件的股权投资可以享受税收递延、减免税等优惠。企业应充分了解并合理利用这些政策，降低税负。

（3）合理安排投资收益的确认时点：投资收益的确认时点对税务筹划具有重要影响。企业可以通过合理安排投资收益的确认时点，如选择在被投资企业盈利时确认投资收益，以利用税收抵免效应降低应纳税所得额。

2. 案例分析

以一家上市公司 A 为例，A 公司计划对一家初创企业 B 进行股权投资。在税务筹划过程中，A 公司采用了以下长期投资核算方法。

（1）成本法与权益法的选择：考虑到 B 公司初创期波动较大，且 A 公司对 B 公司的控制程度不高，A 公司决定采用成本法对 B 公司的股权投资进行核算。这样可以避免 B 公司所有者权益变动对 A 公司财务状况的影响，同时简化会计核算工作。

（2）利用税收优惠政策：A 公司了解到，国家对符合条件的股权投资有税收优惠政策。因此，A 公司在投资前对 B 公司进行了充分评估，确保投资符合税收优惠政策的要求。在投资后，A 公司及时申请并享受了相关税收优惠，降低了税负。

（3）合理安排投资收益的确认时点：A 公司根据 B 公司的经营状况和盈利预测，合理安排了投资收益的确认时点。在 B 公司实现盈利后，A 公司确认了相应的投资收益，从而利用税收抵免效应降低了应纳税所得额。

通过以上长期投资核算方法的税务筹划，A 公司成功降低了税负，优化了财务结构。同时，这也为 A 公司的长期发展奠定了坚实基础。

3. 注意事项

在进行长期投资核算方法的税务筹划时，企业需要注意以下几点。

（1）充分了解并遵守税法规定，确保税务筹划的合规性。

（2）根据企业的实际情况和投资目标，选择合适的核算方法和税务筹划策略。

（3）密切关注税收政策的变动，及时调整税务筹划策略，以充分利用政策优惠。

（4）加强与税务机关的沟通和协调，确保税务筹划的顺利实施。

综上所述，企业所得税纳税过程中长期投资核算方法的税务筹划是一项复杂而重要的工作。通过选择合适的核算方法、利用税收优惠政策以及合理安排投资收益的确认时点等措施，企业可以降低税负、优化财务结构，为自身长期发展创造有利条件。

7.9 企业弥补亏损过程的税筹方案

企业所得税弥补亏损过程的税务筹划方法，主要是企业利用税法规定的亏损弥补政策，通过合理的财务安排和税务规划，最大限度地降低税负并优化财务结构。

1.税务筹划方法

（1）准确核算亏损额

企业应按照税法规定准确核算亏损额，确保亏损的真实性和合法性。这包括正确计算各项收入、成本、费用和损失等，以及合理分摊共同费用。

（2）充分利用弥补亏损期限

税法规定，企业发生的亏损可以在一定期限内用以后年度的所得弥补。企业应充分利用这一期限，合理规划亏损弥补的时间，以最大化地减少应纳税额。

（3）合理调整经营策略

企业可以通过调整经营策略，如优化产品结构、提高生产效率、降低成本等，以增加盈利并减少亏损。这不仅可以提高企业的市场竞争力，还可以为弥补亏损提供更多的利润来源。

（4）利用关联企业间的盈亏互抵

在企业集团内部，可以利用不同企业间的盈亏互抵来降低整体税负。例如，盈利企业可以向亏损企业提供资金支持或业务合作，以帮助其尽快恢复盈利能力。

2.案例分析

以一家制造企业 C 为例，假设 C 公司在某年度发生了较大的经营亏损。为了弥补这一亏损并降低税负，C 公司采取了以下税务筹划方法。

（1）准确核算亏损额：C 公司首先按照税法规定，准确核算了当年度的亏损额。通过详细审查各项财务数据，C 公司确保了亏损的真实性和合法性，为后续弥补亏损提供了依据。

（2）利用弥补亏损期限：C 公司了解到，税法规定的弥补亏损期限通常为五年。因此，C 公司制定了详细的财务规划，计划在接下来的五年内逐步弥补这一亏损。通过合理安排经营活动和投资计划，C 公司成功在五年内实现了对亏损的完全弥补。

（3）调整经营策略：为了增加盈利并减少亏损，C 公司积极调整经营策略，加强了产品研发，推出了更具市场竞争力的新产品。同时，通过优化生产流程、降低原材料成本等措施，提高了生产效率和盈利能力。这些努力使得 C 公司在接下来的几年中逐渐恢复了盈利能力。

（4）利用关联企业间的盈亏互抵：C 公司还利用与关联企业间的业务合作来实现盈亏互抵。例如，C 公司向一家盈利状况良好的关联企业提供了部分原材料和半成品，并获得了相应的销售收入。这不仅增加了 C 公司的收入来源，还有助于关联企业降低采购成本，实现了双方共赢的局面。

通过以上税务筹划方法，C 公司成功弥补了经营亏损并降低了税负。这不仅缓解了公司的财务压力，还为公司的长期发展奠定了坚实基础。

3. 注意事项

在进行企业所得税弥补亏损的税务筹划时，企业需要注意以下几点。

（1）遵守税法规定，确保税务筹划的合规性。

（2）结合企业实际情况和经营目标，制订切实可行的税务筹划方案。

（3）密切关注税收政策的变化，及时调整税务筹划策略。

（4）加强与税务机关的沟通和协调，确保税务筹划的顺利实施。

综上所述，企业所得税弥补亏损过程的税务筹划方法涉及多个方面。企业应充分利用税法规定的政策优势，通过合理的财务安排和税务规划降低税负，并优化财务结构。同时，企业也需注重遵守税法规定，保持与税务机关的良好沟通，以确保税务筹划的合规性和有效性。

7.10 应纳税所得额计算方式的税筹方案

企业所得税纳税过程中，应纳税所得额的计算是关键一环，它直接决定了企业应缴纳的税款金额。税务筹划在应纳税所得额计算中扮演着重要角色，旨在合法、合规地降低税负，增加企业经营收入。

1. 税务筹划方法

（1）合理选择扣除项目：企业所得税法规定了一系列可以在计算应纳税所得额时扣除的项目，如成本、费用、税金、损失等。企业应充分了解和利用这些扣除项目，通过合理规划和安排，使扣除金额最大化，从而降低应纳税所得额。

例如，企业可以加强成本核算，确保各项成本费用的真实性和合理性；同时，合理安排销售费用和管理费用，优化费用结构，减少不必要的支出。

（2）利用税收优惠政策：国家和地方政府为了鼓励特定行业或地区的发展，出台了一系列税收优惠政策。企业应关注这些政策，并结合自身情况合理利用，以享受税收减免或优惠。

例如，对于高新技术企业、节能环保企业等，国家会给予一定的税收减免；在西部地区或少数民族地区投资的企业，也会享受到相应的税收优惠政策。

（3）合理规划资产处置：企业在资产处置（如出售、转让、报废等）过程中会产生相应的收益或损失，应合理规划资产处置的时间和方式，以优化应纳税所得额的计算。

例如，企业可以选择在税收优惠政策有效内处置资产，以享受税收减免；同时，合理安排资产的报废时间，避免在应纳税所得额较高时产生大额损失。

2.案例分析

以一家制造业企业 A 为例，我们来分析其在企业所得税纳税过程中如何通过税务筹划降低应纳税所得额。

（1）合理选择扣除项目：A 企业注重成本核算，通过加强内部管理、优化生产流程，降低了产品成本。同时，在销售费用和管理费用的安排上，A 企业采取了精细化管理，减少了不必要的支出。这些措施使得 A 企业的扣除项目金额得到了最大化，从而降低了应纳税所得额。

（2）利用税收优惠政策：A 企业被认定为高新技术企业，享受到了国家给予的税收优惠政策。根据政策规定，高新技术企业的企业所得税税率可降低至 15%。此外，A 企业还积极申请研发费用加计扣除等优惠政策，进一步降低了应纳税所得额。

（3）合理规划资产处置：A 企业在资产处置方面进行了合理规划。例如，企业将一批旧设备进行了报废处理，并在税收优惠政策有效期内完成了相关手续。这一举措使得 A 企业在享受税收优惠的同时，也降低了当年的应纳税所得额。

通过综合运用上述税务筹划方法，A 企业成功降低了企业所得税应纳税所得额，减轻了税负。这不仅有助于提高企业的经济效益，还有利于增强企业的市场竞争力。

3. 注意事项

在进行企业所得税应纳税所得额计算方式的税务筹划时，企业需要注意以下几点。

（1）遵循法律法规：税务筹划必须在法律法规的框架内进行，不得违法违规。

（2）结合实际情况：税务筹划应紧密结合企业实际情况和经营目标，制订切实可行的方案。

（3）关注政策变化：企业应密切关注税收政策变化，及时调整税务筹划策略。

（4）加强与税务机关沟通：与税务机关保持良好的沟通关系，有助于确保税务筹划的顺利实施，避免不必要的风险。

综上所述，企业所得税纳税过程中应纳税所得额计算方式的税务筹划方法涉及多个方面。企业应结合实际情况，合理利用扣除项目、税收优惠政策等，降低应纳税所得额并减轻税负。同时，也需注重合法合规性，确保税务筹划的有效性和安全性。

7.11 所得额预缴的税筹方案

企业所得税纳税过程中，所得税预缴是一个重要环节。税务筹划在此阶段扮演着重要角色，旨在通过合理规划和安排降低预缴税款，减轻企业负担。

1. 税务筹划方法

（1）分期预缴：根据企业规模和经营状况合理规划预缴期限，避免一次性预缴过多税款。对于经营周期较长或收入波动较大的企业，可适当延长或缩短预缴期限，以减轻企业资金压力。

（2）合理预计应纳税所得额：企业应关注税收政策，合理预计当年的应纳税所得额，避免预缴过多税款。可通过加强成本费用管理、优化会计核算等方式，降低应纳税所得额。

（3）利用税收优惠政策：企业应关注国家和地方政府的税收优惠政策，积极申请相关优惠，以降低税负。如高新技术、环保节能等领域的税收优惠政策较多，企业可根据自身情况合理利用。

（4）提前规划并汇算清缴：企业应提前规划所得税预缴和汇算清缴工作，确保整个过程顺利。在预缴阶段发现有问题应及时调整，并在年度终了及时进行汇算清缴，确保税收利益最大化。

2. 案例分析

以一家小型制造业企业 B 为例，分析其所得税预缴的税务筹划方法。

（1）分期预缴：B 企业考虑到自身规模较小，经营周期较短，且收入波动性较大，因此决定采用分期预缴的方式，即每月预缴一定比例的税款，年终根据实际经营情况再行结算。这种方式避免了一次性预缴过多税款的问题，有利于企业资金周转。

（2）合理预计应纳税所得额：B 企业注重成本费用管理，通过加强内部核算和精细化管理，有效降低了成本费用。在会计核算方面，企业严格按照会计准则进行核算，确保成本费用的合理列支和扣除，从而降低了应纳税所得额。

（3）利用税收优惠政策：B 企业被认定为环保节能企业，享受到了国家针对环保节能企业的税收优惠政策。根据政策规定，B 企业可以享受减免税优惠，从而降低了企业税负。

具体来说，B 企业通过优化生产流程和设备，减少了能源消耗和环境污染。在申请优惠时，企业提供了相关证明材料，成功申请到了税收优惠。这一举措不仅降低了企业的税负，还有利于环保事业的发展。

通过综合运用上述税务筹划方法，B 企业成功降低了所得税预缴税款，减轻了企业负担。这不仅有助于提高企业经济效益，还有利于企业长期发展。

3. 注意事项

在进行所得税预缴的税务筹划时，企业需要注意以下几点。

（1）遵守法律法规：税务筹划必须在法律法规的框架内进行，不得违法违规。企业在开展税务筹划工作时，应密切关注税收政策变化，及时调整税务筹划策略。

（2）结合实际情况：税务筹划应紧密结合企业实际情况和经营目标，制订切实可行的方案。企业应关注税收政策的变化趋势，及时调整税务筹划策略。

（3）加强与税务机关沟通：与税务机关保持良好的沟通关系，有助于确保税务筹划的顺利实施，避免不必要的风险。

综上所述，企业所得税纳税过程中所得税预缴的税务筹划方法涉及多个方面。企业应结合实际情况，利用分期预缴等手段降低预缴税款，减轻企业负担。同时，也需注重合法合规性，确保税务筹划的有效性和安全性。

▶ 7.12 转移利润的所得税税筹方案

企业所得税纳税过程中的转移利润税务筹划，可以降低企业的实际税负。

1. 税务筹划方法

（1）合理规划收入和费用的确认时间：企业应合理规划收入和费用的确认时间，以避免提前或延迟确认收入和费用，从而影响应纳税所得额的计算。

（2）合理利用关联交易：企业应合理利用关联交易转移利润，以达到降低税负的目的。通过合理安排交易结构，使得利润在关联企业之间进行转移，从而降低企业的整体税负。

（3）充分利用税收优惠政策：企业应充分利用税收优惠政策，通过合理规划降低税负。

2. 案例分析

以一家大型制造业企业 A 为例，来分析其转移利润的税务筹划方法。

A 企业是一家大型制造业企业，涉及多个关联企业。由于关联企业之间交易频繁，因此转移利润成为 A 企业税务筹划的重要手段。

（1）合理规划收入和费用的确认时间：A 企业通过合理规划收入和费用的确认时间，使得利润在不同年度之间进行转移。例如，通过推迟某些费用的确认时间，将利润转移到未来年度，从而降低当期的应纳税所得额。

（2）充分利用关联交易转移利润：A企业通过合理利用关联交易，将利润从高税负的子公司转移到低税负的子公司，以达到降低整体税负的目的。

具体来说，A企业与一家低税负的关联企业B签订了一项合同，将一部分原本属于A企业的收入转移到B企业。这样，A企业的应纳税所得额就降低了，从而降低了整体税负。

（3）充分利用税收优惠政策：A企业积极利用税收优惠政策，通过优化生产流程和设备减少能源消耗和环境污染。在申请优惠时，A企业提供了相关证明材料，成功申请到税收优惠。这一举措不仅降低了企业税负，还有利于环保事业的发展。

3. 注意事项

在进行转移利润的税务筹划时，企业需要注意以下几点。

（1）遵守法律法规：税务筹划必须在法律法规的框架内进行，不得违法违规。企业在进行税务筹划时，应密切关注税收政策变化，及时调整税务筹划策略。

（2）保持透明度：企业应保持财务信息的透明度，确保税务机关能够全面了解企业财务状况和税务情况，有助于避免偷税、漏税等违法行为的发生。

（3）加强与税务机关沟通：与税务机关保持良好的沟通关系，有助于确保税务筹划的顺利实施，避免不必要的风险。

综上所述，企业所得税纳税过程中的转移利润税务筹划方法涉及多个方面。企业应结合实际情况，合理规划收入和费用的确认时间，利用关联交易转移利润，充分利用税收优惠政策，降低企业整体税负。同时，也需注重合法合规性，确保税务筹划的有效性和安全性。

▶ 7.13 投资抵免的税筹方案

企业所得税纳税过程中，投资抵免的税务筹划旨在通过合理利用税收法规中的投资抵免政策降低企业税负，增加经济收入。

1. 税务筹划方法

投资抵免是指企业在符合国家产业政策的投资活动中，按照一定比例或额度，将其投资额从应纳税所得额中予以扣除，从而减轻税负的税收优惠政策。为了充分利用这一政策，企业需要进行合理的税务筹划，主要包括以下几个方面。

（1）了解并熟悉投资抵免政策：企业应深入了解国家及地方关于投资抵免的税收政策，包括适用范围、抵免比例、抵免期限等，以便在投资决策时充分考虑税务因素。

（2）合理选择投资项目：企业应结合国家产业政策和自身发展战略，选择符合投资抵免政策的投资项目。优先选择国家重点扶持、技术含量高、市场前景广阔的项目，以获得更多的税收优惠。

（3）优化投资结构：企业可以调整投资结构，提高符合投资抵免政策的投资比例，从而增加抵免额度。例如，加大对研发、技术创新等领域的投入，以提高企业的核心竞争力，提高投资抵免额度。

2. 案例分析

以一家高新技术企业 C 为例，我们来分析其在企业所得税纳税过程中如何运用投资抵免的税务筹划方法。

C 企业是一家专注于新能源技术研发和应用的高新技术企业。近年来，随着国家对新能源产业的扶持力度不断加大，C 企业决定加大在新能源领域的投资力度，以扩大市场份额，提高盈利能力。

在税务筹划方面，C 企业采取了以下措施。

（1）充分了解并利用投资抵免政策：C 企业深入研究了国家关于新能源产业的投资抵免政策，了解到符合条件的投资项目可以享受较高的抵免比例。因此，在制定投资策略时，C 企业充分考虑了税务因素，确保投资项目符合政策要求。

（2）优先选择符合国家产业政策的投资项目：C 企业结合国家新能源产业发展规划和自身技术实力，优先选择了光伏发电、风能发电等符合国家产业政策的投资项目。这些项目不仅具有广阔的市场前景，还能享受较高的投资抵免优惠。

（3）优化投资结构：在投资过程中，C企业注重优化投资结构，将更多的资金投向符合投资抵免政策的研发、技术创新等领域。这不仅提高了企业的核心竞争力，还增加了抵免额度，降低了企业税负。

通过采取上述税务筹划措施，C企业在企业所得税纳税过程中成功利用投资抵免政策降低了税负，提高了经济效益。同时，这也为企业未来发展奠定了坚实基础。

3. 注意事项

在运用投资抵免税务筹划方法时，企业需要注意以下几点。

（1）确保投资项目的真实性和合规性：企业应确保所选择的投资项目真实存在、符合政策要求，并保留相关证明材料以备税务机关核查。

（2）遵循税收法规的变化：税收政策可能会随着国家经济政策的调整而发生变化，企业应密切关注税收法规变化，及时调整税务筹划策略。

（3）与税务机关保持良好沟通：企业应加强与税务机关的沟通，了解政策执行的具体要求，确保税务筹划的合规性和有效性。

综上所述，企业所得税纳税过程中投资抵免的税务筹划方法是一种有效降低税负的策略。企业应结合实际情况，合理利用投资抵免政策，优化投资结构，降低税负，提高经济效益。同时，也需注重合法合规性，确保税务筹划的有效性和安全性。

7.14 纳税期限的税筹方案

企业所得税纳税过程中，纳税期限的税务筹划旨在通过合理安排纳税期限减少企业现金流压力，降低税收负担。

1. 税务筹划方法

纳税期限是指企业应当按照法律规定的时间和方式，向税务机关缴纳税款的期限。为了充分利用纳税期限的税务筹划方法，企业需要注意以下几个方面：

（1）了解税收法规：企业应深入了解国家及地方关于企业所得税的纳税期限规定，包括申报时间、缴纳时间等，以便合理安排纳税期限。

（2）合理选择纳税期限：企业应根据自身实际情况合理选择纳税期限，避免因时间过长导致资金压力过大，或因时间过短导致漏报漏缴税款。

（3）避免逾期缴纳税款：企业应严格遵守税收法规，确保按时足额缴纳税款，以免产生罚款、滞纳金等额外支出，增加企业税收负担。

2. 案例分析

以一家制造业企业 D 为例，我们来分析其在企业所得税纳税过程中如何运用纳税期限开展税务筹划。

D 企业是一家从事机械制造的中小企业，以往每月都面临较大的现金流压力。为了减轻资金压力，降低税收负担，D 企业采取了以下措施：

（1）了解并遵守纳税期限规定：D 企业深入研究了国家关于企业所得税纳税期限的规定，了解了每月申报和季度缴纳的时间要求。在制订财务计划时，D 企业充分考虑了纳税期限对现金流的影响。

（2）合理安排纳税期限：D 企业在财务部门设立专门的税务筹划岗位，负责每月按时申报和季度缴纳税款。通过合理安排资金调度，D 企业避免了因时间过长导致的资金压力过大，也避免了因时间过短导致的漏报漏缴税款。

（3）与银行建立合作关系：D 企业与当地银行建立了合作关系，通过银行贷款或协定存款等方式获得低成本资金，以减轻现金流压力。这不仅降低了企业的融资成本，还减少了因资金紧张而产生的额外支出。

通过采取上述税务筹划措施，D 企业在企业所得税纳税过程中成功利用了纳税期限的税务筹划方法，减轻了现金流压力，降低了税收负担。同时，这也为企业未来发展奠定了坚实基础。

3. 注意事项

在运用纳税期限税务筹划方法时，企业需要注意以下几点。

（1）确保合规性：企业应严格遵守税收法规，确保按时足额缴纳税款，并保留相关证明材料以备税务机关核查。

（2）关注税收政策变化：税收政策可能会随着国家经济政策的调整而发

生变化，企业应密切关注税收政策变化，及时调整纳税期限安排。

（3）寻求专业税务咨询：对于复杂的税务问题，企业应寻求专业的税务咨询意见，以确保税务筹划的合法性和有效性。

综上所述，企业所得税纳税过程中纳税期限的税务筹划可以有效降低税收负担。企业应结合实际情况，合理安排纳税期限，降低现金流压力，提高资金使用效率。同时，也需注重合法合规性，寻求专业税务咨询，确保税务筹划的有效性和安全性。

▶ 7.15 利用税收优惠政策的税务筹划

企业所得税纳税过程中，利用税收优惠政策进行税务筹划旨在通过合理利用国家及地方的相关政策，降低企业税收负担。

1. 税务筹划方法

税收优惠政策是指国家为了鼓励和支持某些特定领域、行业、地区的发展，而出台的一系列税收减免和抵免政策。企业在进行税务筹划时，应深入了解国家及地方关于企业所得税的税收优惠政策，包括税率优惠、税额优惠、扣除优惠等，以便合理利用相关政策进行税务筹划。

为了充分利用税收优惠政策进行税务筹划，企业需要注意以下几个方面：

（1）了解税收法规：企业应深入了解国家及地方关于企业所得税的税收优惠政策，包括适用范围、申请条件、申请程序等，以便合理利用相关政策。

（2）合理选择适用政策：企业应根据自身实际情况，选择符合相关政策条件的项目进行税务筹划，以享受税收优惠。

（3）及时申请优惠政策：符合相关政策条件的企业应及时向税务机关申请优惠政策，并保留相关证明材料以备税务机关核查。

2. 案例分析

以一家科技型中小企业 E 为例，我们来分析其在企业所得税纳税过程中如何利用税收优惠政策进行税务筹划。

E 企业是一家专注于人工智能研发的科技型企业，为了鼓励和支持科技型企业的创新发展，国家及地方出台了一系列针对科技型企业的税收优惠政策。E 企业通过以下措施，成功利用了相关税收优惠政策。

（1）深入了解税收法规：E 企业财务部门高度关注国家及地方关于企业所得税的税收政策变化，尤其是针对科技型企业的优惠政策。在深入研究后，E 企业选择了符合自身条件的研发费用加计扣除政策进行税务筹划。

（2）合理安排研发活动：E 企业根据税收优惠政策的要求，合理安排研发活动，将更多资源投入到研发项目中，以提高自身的技术水平和创新能力。

（3）及时申请优惠政策：E 企业在符合政策条件的情况下，及时向税务机关申请研发费用加计扣除政策，并保留了相关证明材料以备税务机关核查。通过这一措施，E 企业成功享受了税收优惠，降低了税收负担。

3. 注意事项

在利用税收优惠政策进行税务筹划时，企业需要注意以下几点。

（1）确保合规性：企业应严格遵守税收法规，确保符合相关政策条件并按时足额缴纳税款。同时，企业还应关注税收政策变化，及时调整税务筹划方案。

（2）关注政策细节：不同的税收优惠政策有不同的适用条件和申请程序，企业应深入了解相关政策细节，确保选择的税务筹划方案符合政策要求。

（3）寻求专业税务咨询：对于复杂的税务问题，企业应寻求专业的税务咨询意见，以确保税务筹划的合法性和有效性。

综上所述，利用税收优惠政策进行税务筹划是一种降低税收负担的有效策略。企业应深入了解相关政策，合理选择适用政策进行税务筹划，以降低税收负担，提高资金使用效率。同时，也需注重合法合规性，寻求专业税务咨询意见，确保税务筹划的有效性和安全性。

第8章

个人所得税的税务筹划

个人所得税是国家对本国公民、居住在本国境内的个人的所得和境外个人来源于本国的所得征收的一种所得税。在中国境内有住所，或者无住所而一个纳税年度内在中国境内居住累计满一百八十三天的个人，为居民个人。居民个人从中国境内和境外取得的所得，依照本法规定缴纳个人所得税。

个人所得税的应税项目主要包括以下几类。

一、综合所得

（1）工资、薪金所得：指个人因任职或者受雇而取得的工资、薪金、奖金、年终加薪、劳动分红、津贴、补贴以及与任职或者受雇有关的其他所得。

（2）劳务报酬所得：指个人从事劳务取得的所得，包括从事设计、装潢、安装、制图、化验、测试、医疗、法律、会计、咨询、讲学、翻译、审稿、书画、雕刻、影视、录音、录像、演出、表演、广告、展览、技术服务、介绍服务、经纪服务、代办服务以及其他劳务取得的所得。

（3）稿酬所得：指个人因其作品以图书、报刊等形式出版、发表而取得的所得。

（4）特许权使用费所得：指个人提供专利权、商标权、著作权、非专利技术以及其他特许权的使用权取得的所得。

二、经营所得

（5）经营所得：指个体工商户从事生产、经营活动取得的所得，个人独资企业投资人、合伙企业的个人合伙人来源于境内注册的个人独资企业、合伙企业生产、经营的所得。

三、分类所得

（6）利息、股息、红利所得：指个人拥有债权、股权等而取得的利息、股息、红利所得。

（7）财产租赁所得：指个人出租不动产、机器设备、车船以及其他财产取得的所得。

（8）财产转让所得：指个人转让有价证券、股权、合伙企业中的财产份额、不动产、机器设备、车船以及其他财产取得的所得。

（9）偶然所得：指个人得奖、中奖、中彩以及其他偶然性质的所得。

个人所得税的税率根据应税项目的不同而有所差异，通常采用超额累进税率和比例税率相结合的方式征收。居民个人的综合所得（包括工资、薪金所得，劳务报酬所得，稿酬所得，特许权使用费所得），以每一纳税年度的收入额减除费用六万元以及专项扣除、专项附加扣除和依法确定的其他扣除后的余额，为应纳税所得额，适用百分之三至百分之四十五的超额累进税率。

在缴纳个人所得税时，纳税人需要依法向税务机关申报纳税，并按照规定的时间和方式缴纳税款。税务机关则负责个人所得税的征收、管理和监督，确保税收的公平、公正和有效。

注意：个人所得税年度汇算清缴所得包含个人分类所得，不包含个人经营所得，个人经营所得需单独申报个人所得税。

个人所得税的税务筹划方法对于个人来说至关重要，有助于降低税负，提高生活质量。

1. 合理利用税收优惠政策

了解并充分利用国家和地方政府制定的个人所得税税收优惠政策是税务筹划的关键。例如，针对特定行业、特定收入来源、特定扣除项目等，政府可能会提供税收优惠。因此，个人在收入和支出时，可以优先考虑这些方面的税收优惠，以降低税负。

2. 合理安排收入和支出

个人所得税的应纳税额通常与收入和支出的项目、金额有关。因此，合理安排收入和支出是税务筹划的重要环节。在安排收入时，可以通过兼职、提高工资水平、增加劳动报酬等方式增加合法免税额，从而降低应纳税额。在支出方面，可以优先考虑将支出用于合理扣除项目，如教育、医疗、住房等，以增加扣除金额，降低应纳税额。

3. 利用分劈收入法

个人可以将一次性高收入按多次进行分配，或者将一部分收入转化为资本性收入，如股息、利息等，从而降低适用税率。

4. 合理选择纳税地点

个人在不同地区或不同国家可能面临不同的税收政策。因此，在选择纳税地点时，可以综合考虑当地的税收政策、税负水平、税收优惠等因素，以选择最适合自己的纳税地点。

5. 关注税收法规变化

个人要密切关注相关税收法规的变化，以便及时调整税务筹划方案。同时，与税务部门保持良好的沟通和合作关系，了解最新的税收政策，这也是确保税务筹划合规性和有效性的重要途径。

6. 利用税法中的临界点进行筹划

个人所得税法中存在一些临界点，如速算扣除数、超额累进税率各级之间的临界点等，可以利用这些临界点进行筹划。例如，当某个所得项目的扣除金额等于适用税率时，其应纳税额最低。

综上所述，个人所得税的税务筹划方法涵盖了多个方面，包括利用税收优惠政策、合理安排收入和支出、利用分劈收入法、选择合适的纳税地点、关注税收法规变化等。在实际操作中，个人应根据自身情况和需求灵活运用这些税务筹划方法，以实现降低税负、提高生活质量的目标。

▶ 8.1 不同居民身份的税筹方案

个人所得税纳税过程中，不同居民身份的税务筹划方法主要体现在利用不同的税收管辖权和税率上。

1. 税务筹划方法

（1）中国居民：中国居民需要遵守中国税法规定的各项税收条款，包括个人所得税法、增值税等。在中国，个人所得税实行分类征收制度，包括工资薪金、劳务报酬、财产转让等。中国居民在进行税务筹划时，可以通过合理分配收入来源，选择适用较低税率的税目纳税。

（2）非中国居民：非中国居民通常只需要遵守居住国的税收法规，如个人所得税、营业税等。由于非中国居民仅在居住国纳税，因此可以通过合理安排个人收入和支出，选择适用较低税率的国家进行税务筹划。

2. 案例分析

以一位在中国工作的外籍员工为例，他每月的工资为人民币 10 万元，劳务报酬为人民币 2 万元，财产转让收益为人民币 5 万元。假设该员工在中国缴纳的个人所得税税率为超额累进税率。

该员工可以采取以下税务筹划方法：

（1）合理分配收入来源：将部分收入分配到其他税目下，如将部分工资转换为劳务报酬或财产转让收益，以适用较低的税率。

（2）选择适用较低税率的国家：该员工可以选择在适用较低税率的国家投资或消费，如购买海外保险、旅游等，以降低整体税负。

假设该员工将部分工资转换为劳务报酬，每月的收入来源如下：劳务报酬 4 万元（适用税率低于工资薪金）、工资 8 万元（仍适用超额累进税率）、财产转让收益 5 万元。经过税务筹划后，该员工可以按照较低的税率缴纳个人所得税。

另外，该员工可以考虑在税收协定国家投资或消费，以享受该国的税收优惠政策。假设该员工选择在某低税率国家购买投资产品并享受税收优惠，该员工每年可获得的投资收益也将降低其整体税负。

总之，对于不同居民身份的个人，合理利用税务筹划方法可以有效降低个人所得税负担。在进行税务筹划时，企业应根据自身实际情况选择合适的税务筹划方法，并关注税收政策变化，及时调整税务筹划方案。同时，企业还应注重合法合规性，寻求专业的税务咨询，以确保税务筹划的有效性和安全性。

8.2 工资薪金的税务筹划

在个人所得税纳税过程中，工资是主要的收入来源之一，因此，对其进行税务筹划具有重要意义。

1. 税务筹划方法

（1）合理利用税收优惠政策：个人所得税法规定了一些税收优惠政策，如子女教育、赡养老人等专项附加扣除。纳税人可以充分利用这些政策，减少应纳税所得额，降低税负。

（2）合理安排工资发放时间：由于个人所得税采用累进税率，纳税人可以通过合理安排工资发放时间，将部分收入分摊到低税率月份，从而降低整体税负。

（3）转换收入形式：在合法合规前提下，纳税人可以通过将部分工资转换为其他形式的收入，如福利、奖金等，以利用不同税日之间的差异来降低税负。

2. 案例分析

以一位月薪为30 000元的员工为例，我们来进行税务筹划分析。

（1）合理利用税收优惠政策

假设该员工有一个在读小学的孩子，且每月需要支付房贷利息。根据税收优惠政策，他可以每月享受子女教育专项附加扣除2 000元和住房贷款利息专项附加扣除1 000元。这样，他的应纳税所得额将减少3 000元，进而减少了个人所得税税额。

（2）合理安排工资发放时间

如果该员工所在的公司允许，他可以尝试将部分奖金或年终奖延迟至次年发放。这样做可以将部分收入分摊到低税率月份，从而降低整体税负。例如，将年终奖的发放时间从当年 12 月推迟至次年 1 月，可以有效利用税收优惠政策，减少税负。

（3）转换收入形式

公司可以考虑将部分工资以福利形式发放给员工，如提供员工食堂、住宿等。这样，员工可以在不增加税负的情况下提高实际收入水平。同时，公司也可以将部分奖金以非货币性福利的形式发放，如旅游、培训等，既可以激励员工，又可以降低税负。

综上所述，通过合理利用税收优惠政策、合理安排工资发放时间以及转换收入形式等方法，工资薪金税务筹划可以在合法合规的前提下，有效降低个人所得税税负。然而，需要注意的是，税务筹划应遵守相关法律法规，不得采取违法手段避税。同时，纳税人应关注税收政策变化，及时调整税务筹划方案，确保税务筹划的有效性和安全性。

需要注意的是，以上案例仅为示意，具体税务筹划方案应根据个人实际情况和税法规定制订。在实际操作中，建议咨询专业的税务顾问或会计师，以确保税务筹划的合规性和有效性。

8.3 销售提成与奖励的避税方案

在个人所得税纳税过程中，销售提成和奖励是许多员工收入的重要组成部分。对这部分收入进行合理的税务筹划，不仅能合法地降低税负，还能提高员工的实际收入。

1.税务筹划方法

（1）合理规划提成和奖励结构：企业可以通过合理规划销售提成和奖励的结构，将部分收入以费用报销、福利待遇等形式发放，从而降低员工的应纳税所得额。例如，为员工提供与业务相关的培训、交通补贴等，既有助于提升员工的业务能力，又能在一定程度上减轻税务负担。

（2）充分利用税收优惠政策：针对销售提成和奖励，企业可以关注并充分利用国家及地方政府的税收优惠政策。例如，某些地区可能针对销售业绩优秀的员工提供个人所得税减免或优惠，企业可以协助员工申请相关优惠，以降低税负。

（3）分期发放奖金：为了降低员工的税率，企业可以考虑将销售提成和奖励分期发放，分摊到多个纳税期间，使员工的应纳税所得额在每个期间内保持相对较低的水平，从而避免适用较高的税率。

2. 案例分析

以一位销售员工为例，假设其年薪为20万元，其中销售提成和奖励占比较大。我们来进行税务筹划分析。

（1）合理规划提成和奖励结构：该销售员工某年的销售业绩非常出色，获得了10万元的销售提成。为了降低税负，企业可以将其中的一部分提成以费用报销形式发放，如提供销售相关的培训费用、交通费用等。假设将2万元作为费用报销，则该员工的应纳税所得额减少2万元。

（2）充分利用税收优惠政策：根据当地的税收优惠政策，针对销售业绩优秀的员工，个人所得税可享受一定的减免。假设该员工符合减免条件，可获得1万元的税收减免，这将进一步降低员工的税负。

（3）分期发放奖金：为了平衡税负，企业决定将该销售员工的销售提成和奖励分期发放。将原本应一次性发放的10万元提成和奖励分为两次发放，每次发放5万元，这样员工的应纳税所得额将被分摊到两个纳税期间，避免了因一次性高收入而适用较高税率的情况。

通过以上税务筹划方法，该销售员工的税负得到了有效降低，实际收入也增加了。

需要注意的是，每个员工的实际情况和税收政策可能有所不同，因此在制订具体的税务筹划方案时，需要充分考虑个人情况和税法规定。同时，建议咨询专业的税务顾问或会计师，以确保税务筹划的合规性和有效性。

8.4 个人财产经营中的税务筹划

在个人所得税纳税过程中，个人财产经营收入是一个重要的纳税项目，涉及房屋租赁、股权投资、财产转让等多种形式的收入。对于这部分收入进行合理的税务筹划，有助于降低税负，提高个人收益。

1. 税务筹划方法

（1）充分利用税收优惠政策：了解并充分利用国家及地方政府针对个人财产经营收入的税收优惠政策，如小微企业税收优惠、创业投资税收优惠等，可以有效降低税负。

（2）合理分摊经营成本：在经营活动中，合理分摊和核算经营成本，如租金、维修费、管理费等，可以减少应纳税所得额，从而降低税负。

（3）选择合适的纳税方式：根据个人财产经营收入情况选择合适的纳税方式。例如，对于个体工商户，可以选择核定征收或查账征收等不同的纳税方式，以达到最优的税务筹划效果。

（4）合理安排收入时间：通过合理安排个人财产经营收入的收取时间，可以将其分散到不同的纳税年度，从而避免在某一纳税年度内因收入过高而适用较高的税率。

2. 案例分析

以一位拥有多处房产并从事个体经营的纳税人为例，我们来进行税务筹划分析。

（1）充分利用税收优惠政策：该纳税人拥有多处房产，其中部分房产用于出租。根据国家政策，对于符合条件的住房租金收入，可以享受一定的税收减免。该纳税人通过了解并申请相关税收优惠政策，成功降低了其房产出租收入的税负。

（2）合理分摊经营成本：该纳税人还从事个体经营，拥有一家小型店铺。在经营过程中，他注重合理分摊和核算经营成本，如租金、水电费、员工工资等。通过准确核算成本，他成功减少了应纳税所得额，从而减少了税负。

（3）选择合适的纳税方式：对于个体经营所得，该纳税人选择了查账征收的方式。由于他的店铺经营规范，账目清晰，选择查账征收可以更加准确地反映其经营所得，避免了因核定征收可能带来的税负不公问题。

（4）合理安排收入时间：该纳税人还合理安排了房产租金的收取时间，将其分散到不同的纳税年度。例如，他与租户协商，将部分租金收入延迟到下一年度收取，从而平衡了不同年度的收入水平，避免了因某一年度收入过高而适用较高税率的情况。

通过以上税务筹划方法，该纳税人的个人财产经营收入税负有效降低。

需要注意的是，每个纳税人的实际情况和税收政策可能有所不同，因此在制订具体的税务筹划方案时，需要充分考虑个人情况和税法规定。同时，建议咨询专业的税务顾问或会计师，以确保税务筹划的合规性和有效性。

8.5 稿酬所得的筹划

《中华人民共和国个人所得税法》及其实施条例等规定："稿酬所得，是指个人因其作品以图书、报刊形式出版、发表而取得的所得""稿酬所得，以每次出版、发表取得的收入为一次……适用比例税率，税率为百分之二十，并按应纳税额减征百分之三十……每次收入不超过四千元的，减除费用八百元；四千元以上的，减除百分之二十的费用，其余额为应纳税所得额"。在日常个人理财中，很少有人对稿酬所得个人所得税进行筹划。其实，只要方法得当，稿酬所得个人所得税筹划的空间还是不小的。下面，就此讲两点稿酬所得个人所得税筹划方式。

税务筹划思路

1.利用系列丛书进行个人所得税筹划

我国《个人所得税法》规定，个人以图书、报刊方式出版、发表同一作品（文字作品、书画作品、摄影作品以及其他作品），不论出版单位是预付还是分笔支付稿酬，或者加印该作品再付稿酬，均应合并稿酬所得按一次计征个人所得税。但对于不同的作品却是分开计税，这就给纳税人的筹划创造了条件。如果一本书可以分成几个部分，以系列丛书的形式出现，则该作品将被认定为几个单独的作品，分别纳税，这在某些情况下可以节省纳税人不少税款。

例如，某医学专家王教授准备出版一本关于临床应用的医学著作，该著作共分五个部分，每个部分均可单独发行，预计将获得稿酬 15 000 元。试问，王教授应如何筹划？

如果王教授以一本书的形式出版该著作，则：

应纳税额 =15 000×（1-20%）×20%×（1-30%）=1 680（元）

如果王教授与出版社协商，以系列丛书形式将该著作五个部分单独发行，以一套 5 本出版，则王教授的纳税情况如下：每本稿酬 =15 000÷5 = 3 000（元），每本应纳税额 =（3 000-800）×20%×（1-30%）= 308（元），总共应纳税额 = 308×5 = 1 540（元）。对比之下，可以节省税款 140 元。

注意事项：使用该种方法应该注意以下几点：首先，该著作可以被分解成一套系列著作，而且该种发行方式不会对发行量有太大的影响，当然最好能够促进发行。如果该种分解导致著作的销量或者学术价值大受影响，则这种方式将得不偿失。其次，该种发行方式要想充分发挥作用，最好与后面的著作组筹划法结合。最后，该种发行方式应保证每本书的人均稿酬小于 4 000 元，因为这种筹划法利用的是抵扣费用的临界点，即在稿酬所得小于 4 000 元时，实际抵扣标准大于 20%。

2. 利用文章署名进行稿酬个人所得税筹划

在现实条件下，许多学者或专家名人在某项专著的撰写过程中，其家人难免会为其提供一些帮助，甚至有时还参与某些内容的编写等，这种作品既可以算作学者、专家名人单独完成的，也可以是与家人共同完成的。从家庭角度讲，在作品上单独署专家、学者个人的名字和共同署上其家人的名字等，并没有多大区别，但从税收筹划角度出发，单独署名和共同署名存在很大差别。如果一项稿酬所得预计数额较大，就可以考虑利用署名筹划法，即改一本书由署一个人名字改为署多个人名字。例如，某医学专家王教授写了一本医学专著，出版社初步同意该书出版之后支付稿费 6 300 元。在撰写过程中，同是医学专家的妻子与儿子不仅分别负责为其收集相关资料和校对文稿，还共同承担了两个章节的写作。那么，王教授应纳稿酬个人所得税情况存在 3 种可能。

（1）如果王教授在专著上只署他一个人的名字，则应纳个人所得税情况为：应纳税额 =6 300×（1-20%）×20%×（1-30%）= 705.6（元）。

（2）如果王教授在著作上署上他和妻子或儿子的名字（一家），那么王教授所负担的个人所得税为：应纳税额 =（3 150-800）×20%×（1-30%）= 329（元）；其妻子（儿子）应负担的个人所得税与王教授本人相同。王教授夫妻俩（一家）共要缴纳个人所得税为 329 + 329 = 658（元）。可见，王教授在著作上署上他和妻子的名字比单署他一个人的名字可少缴纳个人所得税 47.6（705.6-658）（元）。

（3）如果王教授在著作上署上他和妻子与儿子的名字（全家），那么王教授所负担的个人所得税为：应纳税额 =（2 100-800）×20%×（1-30%）= 182（元）；其妻子与儿子应负担的个人所得税与王教授本人相同。王教授一家共要缴纳个人所得税 =182 + 182 + 182=546（元）。通过对照可以看出，王教授在著作上署上他和妻子与儿子的名字（全家），比只署他一个人的名字可少缴纳个人所得税 = 705.6-546 = 159.6（元）。

注意事项：

利用署名进行稿酬个人所得税筹划，除了可以使纳税人少缴税款外，还具有以下好处：首先，它可以加快创作速度，使得一些社会急需的书籍早日面市，使各种新观点得以尽快传播，从而促进社会进步。其次，集思广益，一本书在几个作者的共同努力下，其创作水平一般会比一个人单独创作更高，但这要求各创作人具有一定的水平，而且各自尽自己最大努力写各人擅长的部分。最后，对于著作人来说，其著作成果更容易积累。但与上一种方法一样，该筹划方法利用的是低于 4 000 元稿酬的 800 元费用抵扣政策，这项抵扣的效果是大于 20% 抵扣标准的。

▶ 8.6 生产经营所得的税筹方案

个人所得税纳税过程中，个人生产经营所得收入是个人所得中一个重要的个税税务处理部分。这部分收入主要包括个体工商户、个人独资企业、合伙企业等从事生产经营活动取得的收入。

1. 税务筹划方法

（1）合理利用成本扣除：准确核算和记录生产经营过程中的各项成本支出，如原材料采购、工资支出、租金等，确保这些成本能够作为税前扣除项目，从而降低应纳税所得额。合理利用税法规定的加速折旧、研发费用加计扣除等政策，增加成本扣除，减少应纳税额。

（2）选择适当的会计政策和核算方法：根据企业实际情况选择合适的会计政策，如存货计价方法、固定资产折旧方法等，以合理反映企业成本和利润，降低税务风险。灵活运用成本核算方法，如分批法、分步法等，以更准确地核算成本，降低税负。

（3）利用税收优惠政策：关注并了解国家及地方政府针对个人生产经营所得的税收优惠政策，如小微企业税收优惠、高新技术企业税收优惠等，及时申请并享受相关优惠。对于符合条件的投资项目或产业，积极申请税收减免或抵扣，降低税负。

（4）合理安排纳税时间：根据企业生产经营情况和税法规定，合理安排纳税时间，避免在资金紧张时集中缴税，减轻企业资金压力。利用税法规定的预缴税款制度合理预缴税款，避免税款滞纳金等额外费用的产生。

2. 案例分析

以一位经营小型加工厂的个体工商户为例，来进行税务筹划分析。

（1）合理利用成本扣除：该个体工商户在生产经营过程中注重成本管理和核算，他准确记录并核算了原材料采购、员工工资、租金等成本支出，并将这些成本作为税前扣除项目。同时，他还利用税法规定的加速折旧政策，对生产设备进行了加速折旧处理，进一步增加了成本扣除。通过这些措施，他成功降低了应纳税所得额，减少了税负。

（2）选择适当的会计政策和核算方法：该个体工商户根据加工厂的实际情况，选择了分批法作为成本核算方法。这种方法能够更准确地核算每个批次产品的成本，避免了成本在不同批次产品之间的混淆。同时，他还根据税法规定选择了合适的固定资产折旧方法，确保折旧费用的合理扣除。这些措施有助于更准确地反映企业成本和利润，降低税务风险。

（3）利用税收优惠政策：该个体工商户了解到，当地政府对符合条件的小型微利企业给予了一定的税收优惠政策，如减免部分税款、延长纳税期限等。他积极申请并享受了这些优惠，进一步降低了税负。

（4）合理安排纳税时间：考虑到加工厂的生产周期和资金状况，该个体工商户合理安排了纳税时间。他根据税法规定的预缴税款制度，提前缴纳了一部分税款，避免了在年底集中缴税时资金紧张的问题。同时，他还密切关注税务局的通知公告，确保及时办理纳税申报和缴税手续，避免了因逾期申报或缴税而产生的额外费用和处罚。

通过以上税务筹划方法的应用，该个体工商户成功降低了个人生产经营所得收入的税负，提高了经营效益。需要注意的是，每个纳税人的实际情况和税收政策可能有所不同，因此在制订具体的税务筹划方案时，需要充分考虑个人情况和税法规定。同时，建议咨询专业的税务顾问或会计师，以确保税务筹划的合规性和有效性。

▶ 8.7 房屋租赁收入的税筹方案

房屋租赁收入是一个重要的税源。针对房屋租赁收入的税务筹划，可以合理合法地降低税负，对于提高个人收入净值具有重要意义。

1. 税务筹划方法

（1）利用费用扣除：房屋出租过程中产生的相关费用，如维修费、管理费、房产税等，可以在计算应纳税所得额时予以扣除。通过合理规划和保留相关费用凭证，可以降低应纳税所得额。

（2）分散租赁收入：如果个人拥有多套房产，可以考虑将房产分散出租给不同的租户，以减少单次租赁收入，进而降低适用的税率档次。

（3）合理安排租金收入时间：通过与租户协商，合理安排租金的收取时间，避免在税率较高的月份集中收取租金，从而降低整体税负。

（4）利用税收优惠政策：关注国家及地方针对房屋租赁收入的税收优惠

政策，如针对低收入群体的租金减免、特定地区的税收优惠等，确保及时享受相关优惠。

2. 案例分析

假设张先生拥有一套位于市中心的闲置房产，他决定将其出租以获取租金收入。为了降低税负，他进行了以下税务筹划。

（1）利用费用扣除：张先生在出租房屋时，保留了所有与租赁相关的费用凭证，包括房屋维修费、物业管理费、房产税等。在申报纳税时，他将这些费用作为税前扣除项目，成功降低了应纳税所得额。

（2）分散租赁收入：张先生的房产面积较大，他考虑将其分割成两个独立的空间，分别出租给不同的租户。通过这种方式，他成功将单次租赁收入金额分散到两个租户身上，降低了适用的税率档次。

（3）合理安排租金收入时间：张先生与租户协商，将租金的收取时间分散到全年的不同月份。这样就避免了在某一月份集中收取大量租金，因高收入而适用更高税率的情况。

（4）利用税收优惠政策：张先生了解到，当地政府针对低收入租户提供了一定的租金减免政策。他积极筛选符合条件的租户，并成功申请到了租金减免。这不仅有助于租户减轻负担，也间接降低了张先生的应纳税额。

通过以上税务筹划方法的应用，张先生成功降低了房屋租赁收入的税负。需要注意的是，税务筹划必须在合法合规的前提下进行，不得采取任何违法手段避税或逃税。同时，由于税收政策和个人情况可能随时发生变化，建议在进行税务筹划时咨询专业的税务顾问或会计师，以确保筹划方案的有效性和合规性。

8.8 企业合伙人的税筹方案

个人所得税纳税过程中，企业合伙人经营所得的税务筹划是至关重要的。合理的税务筹划可以降低企业税负，提高企业利润，从而增强企业竞争力。

1. 税务筹划方法

（1）合理分配利润：企业合伙人之间应合理分配利润，确保个人所得与企业经营所得相分离。这样可以避免合伙人因企业所得而承担过高的税负。

（2）利用税收优惠政策：关注国家及地方针对企业合伙人的税收优惠政策，如特定地区的税收优惠、特定行业的税收减免等，确保及时享受相关优惠。

（3）合理规划纳税时间：合理安排企业的经营周期和利润分配，合理规划纳税时间，降低企业的资金压力。

（4）合理利用合伙企业的组织形式：合伙企业在组织形式上具有灵活性，可以根据企业实际情况选择不同的组织形式，如普通合伙、有限责任合伙等，以适应不同的税法要求。

2. 案例分析

假设李先生是一家创业公司的合伙人之一，该公司主要从事软件开发业务。为了降低税负，李先生进行了以下税务筹划。

（1）合理分配利润：李先生与合伙人商议，将公司的利润按照一定的比例分配给个人。李先生作为个人所得税的纳税义务人，确保自己的所得与企业的经营所得相分离。

（2）利用税收优惠政策：李先生了解到，当地政府针对高新技术行业提供了税收优惠政策。他积极与相关部门沟通，成功申请到了税收减免。这不仅有助于减轻李先生的税负，也有利于企业的发展。

（3）合理规划纳税时间：李先生与合伙人共同制订了企业经营计划，合理规划了纳税时间。他们将纳税时间安排在企业发展相对稳定的阶段，降低了企业的资金压力。

（4）利用合伙企业的组织形式：李先生了解到，合伙企业在组织形式上具有灵活性。他与合伙人商议，选择了有限责任合伙这种组织形式，以适应不同的税法要求。

通过以上税务筹划方法的应用，李先生成功降低了企业合伙人的税负。需要注意的是，税务筹划必须在合法合规前提下进行，不得采取任何违法手段避税或逃税。同时，由于税收政策和个人情况可能随时发生变化，建议在进行税务筹划时咨询专业的税务顾问或会计师，以确保筹划方案的有效性和合规性。

8.9 股权激励中的税筹方案

股票期权：激励与节税一举两得。

春节过后，在某上市公司就职的张经理欣喜地告诉笔者，公司董事会采纳了笔者的建议，同意向对公司有贡献的职员提供股票期权。张经理说，拿到公司的股票期权，心里多了一份责任感，今后要更加努力地工作，因为自己已经是公司的主人了。

股票期权是指企业所有者向管理人员及员工提供的一种在一定期限内按照某一固定价格购买一定数量本公司股票的权利。股票期权的来源有三个：一是公司的留存股票；二是增发新股；三是从市场回购部分股票。股票期权可以为员工带来丰厚的收入，对员工有极强的吸引力。如：某家公司在 2003 年 1 月 1 日给某员工 1 万股本公司股票期权，行使期限为 10 年，约定的执行价格为每股 1 元。在约定的 10 年期限内，如公司股票上涨到每股 50 元，该员工就可以从公司按每股 1 元的执行价格全部购进，然后再按每股 50 元的市价在市场上卖出，获利 49 万元。如果预计经营状况良好，股票进一步升值，员工也可以等到更高价格再行使权利。当然，如果企业每况愈下，股票期权也可能变得一文不值。

股票期权创始于 20 世纪 50 年代，起初是企业为避免薪金被高额的所得税率所蚕食而推行的一种福利计划，但到 20 世纪 90 年代就发展成一种具有激励效应的企业经营方式。我国一些上市公司也开始尝试这种激励模式，如福地科技、天大天财、上海贝岭、吴忠仪表等公司在薪酬制度安排上均实施员工持有期权计划。作为吸收稳定人才的手段，按照有关法律及本公司规定，公司向雇员发放内部职工认股权证，并承诺雇员在公司达到一定工作年限或满足其他条件，可凭该认股权证按事先约定价格认购公司股票；或者向达到一定工作年限或满足其他条件的雇员，按当期市场价格的一定折价转让本公司持有的其他公司包括外国公司的股票等有价证券；或者按一定比例为该雇员负担其进行股票等有价证券的投资。

运用股票期权筹划个人所得税，应从购入与出售两个环节考虑：购入股票取得折扣可分期纳税。雇员以上述不同方式认购股票等有价证券而从雇主取得各类折扣或补贴实质上属于公司对雇员的一项奖励。关于折扣或补贴的个人所得税问题，《国家税务总局关于个人认购股票等有价证券而从雇主取得折扣或补贴收入有关征收个人所得税问题的通知》（国税发〔1998〕009 号）明确规定：在中国负有纳税义务的个人（包括在中国境内有住所和无住所个人）认购股票等有价证券，因其受雇期间的表现或业绩，从其雇主以不同形式取得的折扣或补贴（指雇员实际支付的股票等有价证券的认购价格低于当期发行价格或市场价格的数额），属于该个人因受雇而取得的工资、薪金所得，应在雇员实际认购股票等有价证券时，按照《个人所得税法》及其实施条例和其他有关规定计算缴纳个人所得税。如果个人认购股票等有价证券时从雇主取得的折扣或补贴，在计算缴纳个人所得税时，因一次收入较多，全部计入当月工资、薪金所得计算缴纳个人所得税有困难的，可在报经当地主管税务机关批准后，自其实际认购股票等有价证券的当月起，在不超过 6 个月的期限内平均分月计入工资、薪金所得计算缴纳个人所得税。

此前，《国家税务总局关于在中国境内有住所的个人取得奖金征税问题的通知》（国税发〔1996〕206 号）曾对雇员一次取得单位发放的数月奖金或年终加薪的个人所得税计算问题作过规定：数月的奖金在一个月发放时，需单独作为一个月的所得计算纳税，不能平均分摊到各月计算。例如，甲公司管理人员张某于 2003 年 7 月取得本月工资奖金 1 600 元，同时领取上半年奖金 120 000 元，则张某 7 月份应纳个人所得税额为：

[（1 600-800）×10% -25] +（120 000×45%-15 375）=55+38 625 = 38 680（元）。

如果公司采取股票期权，将张某应得的 6 个月奖金 120 000 元作为购买股票的"补贴"，即按低于市场价格 120 000 元买入，则张某的该项"补贴"可以平均按 6 个月分摊，然后并入 7 至 12 月的工资收入计算个人所得税，从而适用较低税率，以降低税负。除此之外，这样处理还起到递延纳税的效果。

出售股权申报扣除有讲究。

个人在认购股票等有价证券后再转让的所得，属于《个人所得税法》及其实施条例规定的"股票等有价证券转让所得"。为配合企业改制，促进股票市场稳健发展，现行《个人所得税法》规定，对个人转让上市公司股票所得暂免征收个人所得税。对于员工低价取得非上市公司的股权而获得的"补贴"，也应作为工资所得按照国税发〔1998〕009 号文件规定计算缴纳个人所得税。员工将持有的股权转让时，应按"财产转让所得"缴纳个人所得税。依据现行《个人所得税法》规定，财产转让所得应以转让财产的收入额减除财产原值和合理费用后的余额确认为应纳税所得额。为了避免重复征税，员工低价取得股权时得到的"补贴"，因为已经征收了个人所得税，其在计算"财产转让所得"个人所得税时，允许扣除的股权买入价应当按照购买时的市价或公允价计算，而不是实际取得时支付的"低价"计算。为做好日后转让股权的扣除申报工作，纳税人或扣缴义务人将上述所得申报缴纳或代扣代缴个人所得税时，要把纳税人认购的股票等有价证券的种类、数额、认购价格、市场价格包括国际市场价格等情况及有关证明材料和计税过程一起报当地主管税务机关审核，并将其留存备查。

8.10 企业高管人员的税筹方案

个人所得税纳税过程中，企业董监高人员（董事、监事、高级管理人员）的税务筹划也是非常重要的。合理的税务筹划可以帮助企业董监高人员合理合法地降低税负，提高个人收入。

1. 税务筹划方法

（1）合理划分薪酬构成：将个人薪酬划分为基本工资、奖金、津贴、福利等部分，同时考虑与个人所得税率相适应的比例，从而合理降低个税负担。

（2）利用专项附加扣除：根据国家税务总局发布的个人所得税专项附加

扣除暂行办法，符合条件的企业董监高人员① 可以享受子女教育、继续教育、大病医疗、住房贷款利息或住房租金等专项附加扣除优惠，减轻个人税负。

（3）合理规划纳税时间：通过合理安排薪酬发放时间，将纳税时间安排在企业董监高人员个人收入相对稳定的时间段，降低个人所得税负担。

（4）利用企业组织的税收优势：利用企业组织的税收优势，如企业所得税的优惠政策等，合理降低个人所得税负担。

2. 案例分析

假设张先生是某公司的董事，年薪百万元。为了降低个人所得税负担，他进行了以下税务筹划。

（1）合理划分薪酬构成：张先生将其年薪分为基本工资、奖金、津贴和福利等部分，并确保各组成部分的比例与个人所得税率相适应。

（2）利用专项附加扣除：根据国家税务总局发布的个人所得税专项附加扣除暂行办法，张先生申请了子女教育、继续教育、住房贷款利息等专项附加扣除优惠，进一步减轻了个人税负。

（3）合理规划纳税时间：公司每月按时向张先生支付薪酬，并将纳税时间安排在其个人收入相对稳定的时间段，从而降低了个人所得税负担。

（4）利用企业组织的税收优势：该公司在特定地区享有企业所得税的优惠政策，张先生因此而进一步降低了个人所得税负担。

通过以上税务筹划方法的应用，张先生成功降低了个人所得税负担，提高了个人收入。需要注意的是，税务筹划必须在合法合规的前提下进行，不得采取任何违法手段避税或逃税。同时，由于税收政策和个人情况可能随时发生变化，建议在进行税务筹划时咨询专业的税务顾问或会计师，以确保筹划方案的有效性和合规性。

▶▶ 8.11 个人有多处收入的税筹方案

个人所得税纳税过程中，个人有来源多处的收入时，税务筹划非常重要。

---

① 上市公司董事、监事、高级管理人员的简称。

合理的税务筹划可以帮助个人合理合法地降低税负，提高个人收入。

1. 税务筹划方法

（1）合理划分收入类型：将个人多处收入划分为工资薪金、劳务报酬、投资收益、财产租赁等不同类型，并根据不同类型制订相应的税务筹划方案。

（2）利用综合所得与分类所得的差异：根据个人实际情况，合理选择适用的综合所得或分类所得，以享受不同的税收优惠政策。

（3）合理规划纳税时间：合理安排收入来源的时间，将纳税时间安排在适用税率较低的时间段，降低个人所得税负担。

（4）利用专项附加扣除：根据国家税务总局发布的个人所得税专项附加扣除暂行办法，符合条件的人员可以享受子女教育、继续教育、大病医疗、住房贷款利息或住房租金等专项附加扣除优惠。

（5）利用独立交易原则：对于在不同地区或不同行业之间进行的商业活动，应遵循独立交易原则，合理划分收入，降低税收负担。

2. 案例分析

假设小明是一名自由职业者，他有多处收入来源，包括稿费、讲课费、设计费、利息、租赁收入等。为了降低个人所得税负担，他进行了以下税务筹划。

（1）合理划分收入类型：小明将他的多处收入划分为不同的类型，分别核算，并确保每个组成部分的税率适中。这样他既获得了各类收入的合理税收优惠，又避免了不同收入类型之间的税负不公。

（2）利用综合所得与分类所得的差异：小明充分了解并利用了个人所得税法规中的优惠政策，他选择了稿酬和劳务报酬作为综合所得的主要组成部分，而利息和租赁收入则作为分类所得。这样做可以享受不同的税收优惠政策，降低个人税负。

（3）合理规划纳税时间：公司每月按时向小明支付薪酬，并将纳税时间安排在其个人收入相对稳定的时间段，从而降低了个人所得税负担。

（4）利用专项附加扣除：小明充分了解并利用了国家税务总局发布的个人所得税专项附加扣除暂行办法中的优惠政策，他申请了包括子女教育、继续教育、住房贷款利息等专项附加扣除优惠，进一步减轻了个人税负。

小明的案例是非常典型的。通过合理划分收入类型并利用综合所得与分类所得的差异，同时充分利用专项扣除和其他优惠，小明合法合规地降低了自己的税负。这也体现了在个人所得税纳税过程中税务筹划的重要性。在进行税务筹划时，每个人都需要结合自身具体情况和需求进行合理的设计规划。此外，税收政策和个人情况可能随时发生变化，建议在进行税务筹划时咨询专业税务顾问或会计师，以确保筹划方案的有效性和合规性。

▶ 8.12 个人收入时间确认的税筹方案

个人所得税纳税过程中，个人收入时间的确认对于税务筹划至关重要。合理的税务筹划可以合理合法地降低税负，提高个人收入。

1. 税务筹划方法

（1）合理规划纳税周期：个人所得税的纳税周期较长，可以通过合理规划纳税周期，将收入分散到不同的纳税周期内，从而降低单次纳税的税负。

（2）确认收入时间：个人应该准确记录每笔收入的时间，确保申报纳税时的时间与实际收入时间一致，避免因时间误差导致的税务问题。

（3）利用免税政策：了解并充分利用国家对特定项目或特定期间的免税政策，可以减轻个人的税收负担。

（4）选择合适的计税方法：个人所得税有三种计税方法，包括综合所得税制、分类所得税制和标准扣除制。个人可以根据自身情况和收入类型选择合适的计税方法，以达到降低税负的目的。

2. 案例分析

假设张三是一名销售人员，他的收入来源主要包括销售提成和奖金。为了降低个人所得税负担，他进行了以下税务筹划。

（1）合理规划纳税周期：张三将他的收入分散到每个月，并尽量使各个月的收入保持相对均衡，从而将纳税周期延长。这样做可以降低单次纳税的税负。

（2）确认收入时间：张三记录了每笔收入的时间，确保申报纳税时的时间与实际收入时间一致。这保证了他的税务筹划方案的准确性。

（3）利用免税政策：张三了解到企业为员工缴纳的社保和公积金可以免除个人所得税，他充分利用了这个政策，减少了自己的税收负担。

张三的做法是非常典型的。通过合理规划纳税周期并确认收入时间，同时充分利用免税政策，张三有效降低了自己的税负。这也体现了在个人所得税纳税过程中收入时间确认的税务筹划的重要性。在进行税务筹划时，每个人都需要结合自身的具体情况和需求进行合理设计和规划。此外，税收政策和个人情况可能随时发生变化，建议在税务筹划时咨询专业的税务顾问或会计师，以确保筹划方案的有效性和合规性。

8.13 收入核算方式的税筹方案

个人所得税纳税过程中，个人收入核算方式的税务筹划方法对于合理降低税负至关重要。通过选择合适的收入核算方式，可以有效地控制税负，提高个人收入。

1. 税务筹划方法

（1）多元化收入核算方式：可以采用多元化的收入核算方式，如年薪制、提成制、承包制等，根据不同的收入类型选择合适的核算方式，以达到降低税负的目的。

（2）合理利用税前扣除：了解并充分利用国家对特定项目或特定期间的税前扣除政策，如五险一金、专项扣除、专项附加扣除等，以减轻个人的税收负担。

（3）利用税收优惠政策：了解并充分利用国家对特定行业、特定地区、特定个人的税收优惠政策，以降低个人的税负。

2. 案例分析

假设李四是一名自由职业者，他的收入来源主要包括稿费、咨询费、设计费等。为了降低个人所得税负担，他采用了以下税务筹划方法：

（1）多元化收入核算方式：李四将他的收入分散到不同的客户和项目中，采用项目制的方式进行核算，从而降低了单次收入的税负。

（2）合理利用税前扣除：李四了解到他的社保和公积金可以全额税前扣除，他充分利用了这个政策，减少了税收支出。

李四的做法是非常典型的。通过多元化收入核算方式并合理利用税前扣除政策，他有效地降低了自己的税负。这也体现了在个人所得税纳税过程中收入核算方式的税务筹划的重要性。在进行税务筹划时，每个人都需要结合自身的具体情况和需求进行合理的设计和规划。此外，税收政策和个人情况可能随时发生变化，建议在进行税务筹划时咨询专业的税务顾问或会计师，以确保筹划方案的有效性和合规性。

以下是一个更具体的案例。

王先生是一名公司高管，他的收入主要来自工资、年终奖、股票期权等。为了合理降低税负，他采用了以下税务筹划方法。

（1）合理利用综合所得计税：他的工资、年终奖和股息红利等综合所得按照综合所得税制计税，通过合理控制各项收入的比例和时间，降低了总体税负。

（2）利用专项扣除和专项附加扣除：他充分了解了个人所得税中的专项扣除和专项附加扣除政策，将其中的费用进行了扣除，进一步减轻了税收负担。

（3）选择合适的计税方法：他选择了标准扣除制，根据公司的规定和相关政策，选择了合适的计税方法，降低个人的税负。

在实际操作中，王先生需要关注税收政策和法规的变化，及时调整自己的税务筹划方案。同时，他也可以考虑与专业的税务顾问或会计师合作，以获得更全面和专业的税务筹划建议。

▶▶ 8.14 签订劳务合同中的税筹方案

个人所得税纳税过程中，个人签订劳务合同进行税务筹划非常重要。通过合理的税务筹划，个人可以降低税负，提高收入。

1. 税务筹划方法

（1）选择合适的合同类型：根据具体情况选择合适的合同类型，如劳务合同、承包合同等，继而选择合适的计税方式，以达到降低税负的目的。

（2）合理利用税收优惠政策：了解并充分利用国家对特定行业、特定地区、特定个人（如对于高技能人才、创新人才等）的税收优惠政策，以降低个人的税负。

（3）合理分配收入时间：通过合理分配收入时间，可以降低个人所得税负担。

2. 案例分析一

假设张三是一名技术工程师，他需要与一家公司签订劳务合同。为了降低个人所得税负担，他采用了以下税务筹划方法。

（1）选择合适的合同类型：张三选择了劳务合同，该合同按照一次收入计税，避免了按月收入计税可能带来的较高税负。

（2）利用税收优惠政策：张三属于高技能人才，可以享受一定的税收优惠政策，从而降低了他的税负。

张三的做法是非常典型的。通过选择合适的合同类型并利用税收优惠政策，他有效地降低了自己的税负。这也体现了在个人所得税纳税过程中签订劳务合同的税务筹划的重要性。在进行税务筹划时，每个人都需要结合自身的具体情况和需求进行合理设计和规划。此外，税收政策和个人情况可能随时发生变化，建议在进行税务筹划时咨询专业的税务顾问或会计师，以确保筹划方案的有效性和合规性。

3. 案例分析二

李四是一名自由职业者，他需要与一家公司签订劳务合同。为了合理降低税负，他采用了以下税务筹划方法。

（1）合理分配收入时间：在签订劳务合同时，李四与公司协商，将收入分散到多个时间段内支付，从而降低了在一个时间点上的较高税负。

（2）利用税收优惠政策：李四了解到他所在的行业可以享受一定的税收优惠政策，他充分利用了这个政策，减少了税收支出。

在实际操作中，李四需要根据税收政策和法规的变化，及时调整自己的税务筹划方案。同时，他也可以考虑与专业的税务顾问或会计师合作，以获得更全面和专业的税务筹划建议。通过合理的税务筹划，李四可以更好地管理自己的收入和税负，提高个人财务的稳定性和灵活性。

8.15 外籍人员的税筹方案

个人所得税纳税过程中，对于外籍人员的税务筹划方法尤为重要，因为外籍人员的收入来源、居住时间以及国籍等因素具有特殊性。

1. 税务筹划方法

（1）了解税收协定：不同国家之间可能签订了不同的税收协定，以避免双重征税。外籍人员应了解所在国与中国之间的税收协定，以便享受协定中的税收减免或优惠待遇。

（2）合理安排居住时间：在中国境内居住的时间长短会直接影响外籍人员的税务待遇。通过合理安排居住时间，可以避免被视为中国居民纳税人，从而避免承担更高的税负。

（3）选择合适的所得类型：不同的所得类型适用的税率和计税方式可能不同。外籍人员应根据自身情况选择合适的所得类型，以降低税负。

（4）利用税收优惠政策：中国针对外籍人员提供了一些税收优惠政策，如针对特定职业、特定国籍或特定条件的税收优惠。外籍人员应了解并充分利用这些政策。

2. 案例分析

假设外籍人员王五在中国某公司担任高管职务，为了降低个人所得税负担，他采用了以下税务筹划方法。

（1）利用税收协定：王五了解到中国与他的国籍国签订了税收协定，根据协定规定，他在中国境内取得的某些所得可以享受税收减免。因此，在申报个人所得税时，他成功申请了税收减免，降低了税负。

（2）合理安排居住时间：王五注意到在中国境内居住时间的长短会影响

税收待遇。为了避免被视为中国居民纳税人，他合理安排了工作和休假时间，确保每年在中国境内居住的时间不超过规定的免税期限。

（3）选择合适的所得类型：王五的收入主要来源于工资所得和股权激励所得。在税务筹划过程中，他选择将部分收入以股权激励的形式获得，因为股权激励所得在符合条件的情况下可以享受较低的税率。

（4）利用税收优惠政策：王五了解到中国针对外籍高管提供了一定的税收优惠政策（如符合条件的住房补贴、子女教育费用等可以在税前扣除），他充分利用这些政策，进一步降低了税负。

通过以上税务筹划方法，王五成功降低了个人所得税负担，提高了个人收入。需要注意的是，税务筹划应在合法合规的前提下进行，避免违反税收法律法规。此外，由于税收政策和个人情况可能随时发生变化，建议在进行税务筹划时咨询专业的税务顾问或会计师，以确保筹划方案的有效性和合规性。

8.16 纳税期限的税筹方案

在个人所得税纳税过程中，纳税期限的税务筹划是一项重要的内容。通过合理规划和安排纳税期限，个人可以在合法合规的前提下有效降低税负，提高收益。

1. 税务筹划方法

（1）收入分散化：将一次性大额收入分散到多个纳税期限内，可以降低每个纳税期限内的应纳税所得额，从而减少适用的税率和税负。例如，个人可以通过与雇主协商，将年终奖金或项目奖金分多次发放，以实现收入的分散化。

（2）合理推迟纳税义务：在合法合规的前提下，个人可以合理安排纳税义务的发生时间，以利用资金的时间价值。例如，在符合条件的情况下，个人可以选择延迟确认收入或提前支付费用，以推迟纳税义务的发生时间。

（3）利用税收优惠政策：针对不同纳税期限的税收优惠政策，个人可以进行合理的税务筹划。例如，中国政府为了鼓励长期投资，对于持有股票或基金等长期资本利得的纳税人，可能给予一定的税收减免或优惠。

2. 案例分析

以李四为例，他是一名自由职业者，主要从事设计工作。为了降低个人所得税负担，他采用了以下税务筹划方法。

（1）收入分散化：李四与多家设计公司合作，每家公司的合作金额和项目周期都不尽相同。为了降低税负，他与各家公司协商，将项目款项分期支付，而不是一次性支付。这样，他每个纳税期限内的收入金额相对均衡，避免了因某个月收入过高而导致的高税率。

（2）合理推迟纳税义务：李四注意到，在年末时由于多个项目集中完成，收入会相对较高，导致税负增加。因此，他尽量将一些非紧急项目安排到次年年初进行，以推迟部分纳税义务的发生时间。同时，他还合理利用了费用扣除政策，将一些可以提前支付的费用在年末前支付，以减少应纳税所得额。

（3）利用税收优惠政策：李四了解到，对于从事文化创意产业的个人，政府提供了一定的税收优惠政策。因此，他积极申请相关资质认证，以享受税收优惠。此外，他还关注并利用了一些针对自由职业者的税收减免政策，如符合条件的继续教育费用扣除等。

通过以上税务筹划方法，李四成功降低了个人所得税负担，提高了个人收入。需要注意的是，税务筹划应在合法合规的前提下进行，避免违反税收法律法规。此外，个人在进行税务筹划时，应充分了解相关税收政策和规定，以确保筹划方案的有效性和合规性。

8.17 利用税收优惠政策的筹划

个人所得税纳税过程中，利用税收优惠政策进行税务筹划是非常重要的一项策略。通过合理利用各种税收优惠政策，可以减轻税负，提高个人收益。

1. 税务筹划方法

（1）行业和地区税收优惠：不同行业和地区可能存在不同的税收优惠政策。个人可以根据自己的职业和居住地，选择符合自己情况的税收优惠地区或行业投资或工作，以达到减税的目的。

（2）专项扣除和扣除额度：个人所得税法规定了多项专项扣除和扣除额度，如子女教育、继续教育、大病医疗、住房贷款利息或住房租金等。个人可以根据自己的实际情况，合理规划扣除项目，减少应纳税所得额。

（3）长期投资税收优惠：对于长期投资，如股票、基金、债券等，政府通常会给予一定的税收优惠。个人可以通过合理规划投资策略，利用这一优惠政策降低税负。

（4）捐赠税收优惠：个人捐赠符合条件的项目可以享受税收优惠。个人可以通过合理规划捐赠项目和金额达到减税的目的。

2. 案例分析

以王五为例，他是一名创业公司的创始人，为了减轻个人所得税负担，他采用了以下税务筹划方法。

（1）选择税收优惠地区：王五选择在国家鼓励的高新技术产业开发区创立公司。由于该地区的税收优惠政策，他的初创公司可以享受较少的税率。

（2）利用专项扣除：王五有两个小孩在上小学，他合理规划了子女教育专项扣除，减少了应纳税所得额。同时，他也利用了住房贷款利息扣除政策。

（3）长期投资税收优惠：王五对一家潜力巨大的初创公司进行了投资。他了解到，政府对长期投资股票、基金等资本利得给予了一定的税收优惠。因此，他利用这一优惠政策，降低了自己的投资税负。

（4）合理规划捐赠：王五了解到，面向慈善机构的个人捐献可以享受税收优惠。他与当地的一家慈善机构建立了合作关系，将自己的部分收入捐赠给他们，从而减少了个人所得税负担。

通过以上利用税收优惠政策的税务筹划方法，王五成功减轻了个人所得税负担，提高了个人收益。需要注意的是，税务筹划应在合法合规的前提下进行，避免违反税收法律法规。此外，个人在进行税务筹划时，应充分了解相关税收政策和规定，以确保筹划方案的有效性和合规性。

第9章

其他税种的税务筹划

▶ 9.1 土地增值税的税务筹划

9.1.1　土地增值税避税筹划可选方案

土地增值税是对在我国境内有偿转让国有土地使用权及地上建筑物和其他附着物产权、取得增值性收入的单位和个人征收的一种税。该税种有较大筹划空间。

1.土地增值税的法律界定

土地增值税的纳税人是转让国有土地使用权及地上建筑物和其他附着物产权取得增值性收入的单位和个人。课税对象是转让国有土地使用权及地上建筑物和其他附着物产权所取得的增值额。

转让房地产的增值额，是纳税人转让房地产的收入减除税法规定的扣除项目金额后的余额。计算增值额的扣除项目包括：取得土地使用权所支付的金额；开发土地的成本、费用；新建房及配套设施的成本、费用，或者旧房及建筑物的评估价格；与转让房地产有关的税金；财政部规定的其他扣除项目。纳税人有下列情形之一的，按照房地产评估价格计算征收：隐瞒、虚报房地产成交价格的；提供扣除项目金额不实的；转让房地产价格低于房地产评估价格又无正当理由的。

土地增值税实行四级超额累进税率（见表 9-1），包括以下税收优惠。

表 9-1　超额累进税率

级数	增值额与扣除项目金额的比率 /%	税率 /%	速算扣除系数 /%
1	不超过 50% 的部分	30	0
2	超过 50%～100% 的部分	40	5
3	超过 100%～200% 的部分	50	15
4	超过 200% 的部分	60	35

（1）纳税人建造普通标准住宅（不包括高级公寓、别墅、度假村等）出售，增值额未超过扣除项目金额 20% 的，免征土地增值税。

（2）因国家建设需要依法征用、收回的房地产，免征土地增值税。

（3）对个人转让房地产，凡居住满 5 年或 5 年以上的，免征土地增值税；居住满 3 年未满 5 年的，减半征收土地增值税；居住未满 3 年的，计征土地增值税。

2. 土地增值税的筹划空间

1）利用房地产转移方式进行避税筹划

征收土地增值税必须满足三个判定标准：仅对转让国有土地使用权及其地上建筑物和附着物的行为征税；仅对产权发生转让的行为征税；仅对转让房地产并取得收入的行为征税。房地产所有人可以针对以上三个判定标准来避免缴纳土地增值税。比如，房地产所有人通过境内非营利社会团体、国家机关将房屋产权、土地使用权赠与教育、民政和其他社会福利、公益事业；将房产、土地使用权租赁给承租人使用，由承租人向出租人支付租金；将房地产作价入股进行投资或作为联营条件等，均可免征土地增值税。

2）通过控制增值额进行避税筹划

由于土地增值税是以增值额为基础的超额累进税率，因此土地增值税筹划最为关键的一点就是合理合法地控制、降低增值额。增值额是纳税人转让房地产所取得的收入减去规定扣除项目金额后的余额，所以控制增值额筹划包括收入筹划法与成本费用筹划法。

收入筹划法主要是指收入分散筹划，即将可以分开单独处理的部分（比如房屋里面的各种设施）从整个房地产中分离，从而使得转让收入变少，降低纳税人转让的土地增值额。成本费用筹划法就是最大限度地扩大成本费用列支比例，比如房地产开发企业如能提供金融机构证明并能按转让房地产项目计算分摊，可以将在房地产开发过程中发生的借款利息支出据实扣除，当然这种筹划应有一定的限度，无节制地任意扩大的后果是导致税务机关对企业所得扣减项目支出的纳税调整，得不偿失。

3）利用税收优惠进行避税筹划

房地产所有人可以利用土地增值税的税收优惠进行筹划。如建造一般用住宅时，将增值率控制在20%之内；个人住房居住满5年后再予以转让。

3. 案例分析

一家房地产开发企业有可供销售的10 000平方米同档次的商品房两栋：甲房每平方米售价是1000元（不含装修费70元），转让收入是1000万元，它的扣除项目金额为835万元，增值额是165万元。乙房每平方米售价是1070元（含装修费70元），转让收入是1070万元，它的扣除项目金额是838万元，增值额是232万元。

根据以上数据我们可以计算出甲房的增值率是19.76%，按照税法规定，甲房的增值额没有超过扣除项目金额的20%，不缴土地增值税，企业获得的利润为165万元。乙房的增值率是27.68%，要缴纳土地增值税69.6万元，企业获得的利润是162.4万元。

上面的例子采用了分散收入以控制增值额的方法和利用税收优惠的方法进行筹划，因甲房售价分离了装修费用70元，每平方米售价比乙房低70元，从而降低了增值额并将增值率控制在20%以内，可依法享受免征土地增值税的税收优惠，所得利润反而比乙房高2.6（165-162.4）万元。另外，由于价格上的优势，甲的市场竞争力将强于乙房。所以企业应该考虑以后多采取甲房的销售方式进行销售。

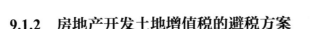

9.1.2　房地产开发土地增值税的避税方案

土地增值税是基于增值额与扣除项目金额的比率（即增值率）的大小，按照相适用的税率累进计算缴纳的。合理增加扣除项目金额可以降低增值率，使其适用较低的税率，从而达到降低税收负担的目的。实际运用时，一般有以下方法可供选择。

1. 确定适宜的成本核算对象

（1）对房地产开发企业成本项目进行合理控制，如加大公共配套设施投入，绿化、美化、亮化，改善住房环境，来调整土地增值税的扣除项目金额，进而减轻税负。

（2）房地产开发企业可设立一家装饰装潢公司，专门为购房户装修。具体可与购房户签订两份合同，一份是房地产初步完工（毛坯房）时签订的销售合同，另一份是与装饰装潢公司签订的装修合同。房地产开发企业只就销售合同上注明房款增值额缴纳土地增值税，装修合同上注明的金额属于劳务收入，缴纳营业税，不缴纳土地增值税。这样分散经营收入，减少税基，降低税率，节省税款。

2. 确定合适的利息扣除方式

《土地增值税暂行条例实施细则》规定，房地产开发企业的利息支出，凡能够按转让房地产项目计算分摊并提供金融机构证明的，允许据实扣除，但最高不得超过按商业银行同类同期贷款利率计算的金额。其他房地产开发费用，按取得土地使用权所支付的金额和房地产开发成本之和的 5% 以内计算扣除；凡不能按转让房地产开发项目计算分摊利息支出或不能提供金融机构证明的，利息支出不能单独计算，而应并入房地产开发成本中一并计算扣除。房地产开发费用按取得土地使用权所支付的金额与房地产开发成本之和的 10% 以内计算扣除。

房地产企业据此可以选择：如果企业预计利息费用较高，开发房地产项目主要依靠负债筹资，利息费用所占比例较高，则可计算分摊的利息并提供金融机构证明，据实扣除；反之，主要依靠权益资本筹资，预计利息费用较少，则可不计算应分摊的利息，这样可以多扣除房地产开发费用。

假设某房地产开发企业进行一个房地产项目开发，取得土地使用权支付金额 300 万元，房地产开发成本为 500 万元。如果该企业利息费用能够按转让房地产项目计算分摊并提供了金融机构证明，则其他可扣除项目 = 利息费用 +（300 + 500）×5% = 利息费用 + 40；如果该企业利息费用无法按转让房地产项目计算分摊，或无法提供金融机构证明，则其他可扣除项目 =（300 + 500）×10% = 80（万元）。

对于该企业来说，如果预计利息费用高于 40 万元，企业应力争按转让房地产项目计算分摊利息支出，并取得有关金融机构证明，以便据实扣除有关利息费用，从而增加扣除项目金额；反之亦然。

3. 确定适当的房地产价格

根据《土地增值税暂行条例》规定，纳税人建造普通标准住宅出售，增值额未超过扣除项目金额 20% 的，免缴土地增值税。如果增值额超过扣除项目金额 20% 的，应就其全部增值额按规定纳税。同时对纳税人既建造普通标准住宅又搞其他房地产开发的，应分别核算增值额。不分别核算增值额或不能准确核算增值额的，其建造的普通标准住宅不能适用这一免税规定。

土地增值税适用超率累进税率，价格越高，相同条件下增值额越大，适用税率越高，但在有些情况下价高未必利大。因此，在确定房地产销售价格时，要考虑价格提高带来的收益与不能享受优惠政策而增加税负两者间的关系。

案例分析

某房地产开发企业销售建造的普通住宅，可采取不同的销售价格。第一种方案，销售价格为每平方米 1 927 元，扣除项目金额共计 1 606 元，增值额为 321 元，占扣除项目金额的 19.99%，未超过 20%，不缴纳土地增值税，营业利润为 321 元。第二种方案，销售价格为每平方米 2 057 元，扣除项目金额共计 1 613 元，增值额为 444 元，占扣除项目金额的 27.75%，应缴纳土地增值税，税率为 30%，应缴土地增值税 133.2 元，营业利润为 311 元。第三种方案，销售价格为每平方米 2 100 元，扣除项目金额共计 1 615.5 元，增值额为 484.5 元，占扣除项目金额的 30%，应缴纳土地增值税，税率为 30%，应缴土地增值税 145.35 元，营业利润约为 400 元。

第一种方案，由于增值额没有超过扣除项目金额的 20%，享受了免征土地增值税的优惠；第二种方案，虽然单位价格增加 130 元，由于没有优惠，实现的营业利润反倒少于第一种方案；第三种方案，虽然实现了较高的营业利润，但同时因为价格较高，可能导致市场竞争力减弱。

4. 灵活运用税收优惠政策

（1）房地产代建。房地产的代建行为是指房地产开发公司代客户进行房地产的开发，开发完成后向客户收取代建收入的行为。对于房地产开发公司而言，虽然取得了收入，但没有发生房地产权属的转移，其收入属于劳务收入性质，缴纳营业税，不缴纳土地增值税。房地产开发公司可以利用这种建房方式，在开发之初确定最终用户，实行定向开发，以减轻税负。

（2）合作建房。税法规定，对于一方出地，一方出资金，双方合作建房，建成后按比例分房自用的，暂免缴纳土地增值税；建成后转让的，应缴纳土地增值税。某房地产开发公司拥有一块土地，拟与 A 公司合作建造写字楼，资金由 A 公司提供，建成后按比例分房。对房地产开发公司而言，作为办公用房自用，不用缴纳土地增值税。将来再做处置时，只就属于自己的部分缴纳土地增值税。

（3）以房地产投资联营。税法规定，以房地产进行投资、联营，如果投资、联营的一方以房地产作价入股进行投资或作为联营条件的，暂免缴纳土地增值税。投资、联营企业将上述房地产再转让的，应该缴纳增值税。另外，在企业兼并中，对被兼并企业将房地产转让到兼并企业中的，也暂免缴土地增值税。企业可以充分利用这些税收优惠政策进行合理筹划，达到减轻税收负担的目的。

9.1.3 房地产转让临界点的避税方案

众所周知，企业转让房地产应缴纳土地增值税。一般情况下，随着房地产转让收入的提高，企业取得的税后收入也会增加。但也会存在一些特殊的情况，当房地产的转让收入达到某一临界值后，随着转让收入的提高，税后收入反而会降低；而当转让收入再提高到另一临界值后，随着转让收入的提高，税后收入又会增加。

《土地增值税暂行条例实施细则》中规定："纳税人建造普通标准住宅出售，增值额未超过扣除项目金额的20%时，免征土地增值税；增值额超过扣除项目金额的20%时，应就其全部增值额按规定征税。"这样就有可能出现因增值额稍高于起征点而造成税负大幅度增加，导致税后收入降低的情况出现。面对这个政策，纳税人如何能找到一个平衡点呢？

我们首先来分析纳税人欲享受起征点税收优惠的转让收入的临界值。现假定：在《土地增值税暂行条例》允许的全部扣除项目中除销售税金及附加外的扣除项目金额为100万元，房地产的价格为 X 时，相应的销售税金及附加为 $5.5\% \times [5\% \times (1 + 7\% + 3\%) X]$（营业税5%，城市维护建设税7%，教育费附加3%）。这时，其全部允许扣除金额为：$100 + 5.5\% X$。根据有关起征点的规定，该企业享受起征点税收优惠的最高售价应为：$X = 1.2 \times (100 + 5.5\% X)$；得出 $X = 128.48$（万元）。也就是说，如果房地产企业想要享受免缴土地增值税的优惠，在除销售税金及附加外的扣除项目金额为100万元时，其销售额最高不能超过128.48万元，否则将全额缴税。

我们再来分析，当增值额略高于扣除项目的20%时，增加收入的最低临界值。当增值率略高于20%时，土地增值税应适用"增值率在50%以下，税率为30%"的规定。假定此时的售价为（128.48 + y）万元，相应的销售税金及附加和允许扣除项目金额都应提高 $5.5\% y$。这时，允许扣除项目的金额 = （100 + $5.5\% \times 128.48$）+ $5.5\% y$，增值额 = （128.48 + y）－（$100 + 5.5\% \times 128.48 + 5.5\% y$）= $94.5\% y + 21.41$，所以应纳土地增值税：$30\% \times (94.5\% y + 21.41)$。若企业欲使提价带来的收益超过因突破起征点而新增加的税收，即必须使 $y > 30\% \times (94.5\% y + 21.41)$，可以得出 $y > 8.96$ 万元。这就是说，如果想通过提高售价获取更大的收益，就必须使价格高于137.44（128.48 + 8.96）万元。

我们来验证一下转让收入处于上述两个临界值之间时，收入的增加是否低于土地增值税的增加。我们假定收入为132万元，即此时转让收入比免税时的转让收入增加了132-128.48 = 3.52（万元）。此时扣除项目金额为：$132 \times 5.5\% + 100 = 107.26$（万元）；增值额为：132-107.26 = 24.74（万元）；

增值率为：(132-107.26)÷107.26 = 23%。此时增值率大于 20%，土地增值税应适用"增值率在 50% 以下，税率为 30%"的规定，应纳土地增值税为：24.74×30% = 7.42（万元）。7.42 万元 > 3.52 万元，从而证明了转让收入的增加额低于土地增值税的增加额。

通过以上的分析我们可以得出，当房地产企业转让普通标准住宅除去销售税金及附加后的允许扣除金额为 100 万元时，房地产转让收入的可筹划空间为 128.48 万～ 137.44 万元，在转让收入处于这一区间时，转让收入高，税后收入低。在这一收入水平下，既可享受起征点的照顾又可获得较大的收益。如欲提高转让收入，则必须使转让收入高于 137.44 万元，否则提高收入带来的收益将不足以弥补收入提高所增加的税收负担。

9.1.4　收入分散的税筹方案

在确定土地增值税税额时，很重要的一点便是确定售出房地产的增值额。增值额是纳税人转让房地产所取得的收入减去规定扣除项目金额后的余额，因而纳税人转让房地产所取得的收入对其应纳税额有很大影响。如果能想办法使得转让收入变少，从而减少纳税人转让的增值额，显然是能节省税款的。

在累进税制下，收入分散避税筹划显得更为重要。因为，在累进税制下，收入的增长预示着相同条件下增值额的增长，从而使得高的增长率适用较高的税率，档次爬升现象会使得纳税人税负急剧上升，因而分散收入有着很强的现实意义。如何使得收入分散合理合法，是这个方法的关键。

一般常见的方法就是将可以分开单独处理的部分从整个房地产中分离，比如房屋里面的各种设施。很多人在售出房地产时，总喜欢整体进行，不善于利用分散技巧，这样虽然可以省去不少麻烦，但不利于避税。

案例分析一

某企业准备出售其拥有的一幢房屋以及土地使用权。因为房屋已经使用过一段时间，里面的各种设备均已安装齐全。估计市场价值是 800 万元，其中各种设备的价格约为 100 万元。如果该企业和购买者签订合同时，不注意区分这些，将全部金额以房地产转让价格的形式在合同上体现，则增值额无疑会增加 100 万元。而土地增值税适用的是四级超率累进税率，增值额越大，其适用的税率越高，相应地应纳税额也就会增大。如果该企业和购买者签订房地产转让合同时，采取变通方法，将收入分散，便可以节省不少税款，具体做法是在合同上仅注明 700 万元的房地产转让价格，同时签订一份附属办公设备购销合同，问题便迎刃而解了。这样将收入分散进行筹划，不仅可以使增值额变小从而节省应缴土地增值税税额，还由于购销合同适用 0.03% 的印花税税率，比产权转移书据适用的 0.05% 税率要低，也可以节省不少印花税，一举两得。

税法规定，纳税人建造普通标准住宅出售，如果增值额没有超过扣除项目金额的 20%，免予征收土地增值税。同时税法规定，纳税人既建造普通标准住宅，又建其他房地产开发的，应分别核算增值额；不分别核算增值额或不能准确核算增值额的，其建造的普通住宅不享受免税优惠。

房地产开发企业如果既建造普通住宅，又搞其他房地产开发，分开核算与不分开核算税负会有差异，这取决于两种住宅的销售额和可扣金额。在分开核算的情况下，如果能把普通标准住宅的增值额控制在扣除项目金额的 20% 以内，从而免缴土地增值税，则可以减轻税负。

案例分析二

某房地产开发企业，2005 年商品房销售收入为 1.5 亿元，其中普通住宅的销售额为 1 亿元，豪华住宅的销售额为 5 000 万元。税法规定的可扣项目金额为 1.1 亿元，其中普通住宅的可扣除项目金额为 8 000 万元，豪华住宅的可扣除项目金额为 3 000 万元。

（1）不分开核算（当地允许不分开核算）

增值额与扣除项目金额的比例为（15 000−11 000）÷11 000×100%≈36.36%，适用 30% 的税率，该企业应缴纳土地增值税为（15 000−11 000）×30%＝1 200（万元）。

（2）分开核算

普通住宅：增值额与扣除项目金额的比例为（10 000−8 000）÷8 000×100%＝25%，适用 30% 的税率，应缴纳土地增值税为（10 000−8 000）×30%＝600（万元）。

豪华住宅：增值额与扣除项目金额的比例为（5 000−3 000）÷3 000×100%＝

67%，适用 40% 的税率，应缴纳土地增值税为（5 000−3 000）×40%−3 000×5% = 650（万元）。

二者合计为 1 250 万元，分开核算比不分开核算多支出税金 50 万元。

假定上例其他条件不变，使普通住宅的增值额控制在扣除项目金额的 20% 以内。可扣除项目金额从公式（10 000−y）÷y×100% = 20% 中可计算出，y= 8 333 万元。此时，该企业应缴纳的土地增值税仅为豪华住宅应缴纳的 650 万元，比不分开核算少缴纳 570 万元，比分开核算少缴纳 600 万元。

增加可扣除项目金额的途径很多，比如增加房地产开发成本、费用，降低房屋销售价格等。将这种筹划方法进一步引申，如果房地产开发企业进行房屋建造出售时，将合同分两次签订，同样可以节省不少土地增值税税款。

具体做法是，在住房初步完工还没有安装设备以及装潢、装饰时，便和购买者签订房地产转移合同，接着再和购买者签订设备安装及装潢、装饰合同，纳税人只需要就第一份合同上注明的金额缴纳土地增值税，而第二份合同上注明的金额则属于营业税征税范围，不用计征土地增值税。这样就使得应纳税额有所减少，达到了节税的目的。

9.1.5 开发成本的税筹方案

房地产开发企业的成本费用开支有多项内容，不仅包括土地的征用及拆迁补偿费、前期工程费、建筑安装工程费、基础设施费、公共配套设施费、开发间接费等，还包括与房地产开发项目有关的销售费用、管理费用和财务费用。前者是房地产开发成本，后者是房地产开发费用。作为土地增值税扣除项目的房地产开发费用，不按纳税人房地产开发项目实际发生的费用进行扣除，而按《中华人民共和国土地增值税暂行条例实施细则》的标准进行扣除，因而该筹划主要涉及房地产开发成本。

土地增值税纳税人转让房地产所取得的收入减除规定的扣除项目金额后的余额为增值额，作为扣除项目金额重要组成部分的房地产开发成本的大小会严重地影响纳税人应纳税额的大小，即房地产开发成本越高，应纳税额越小，房地产开发成本越低，应纳税额越大。如果纳税人能最大限度地扩大费用列支比例，则肯定会节省很多税款。

当然这种筹划应有一定的限度，无节制地任意扩大的后果就是导致税务机关对企业所得扣减项目支出的纳税调整，得不偿失。而且这种扩大也并不是越大越好，在必要的时候适当地减少费用开支可能效果会更好，这主要是针对房地产开发业务较多的企业。因为这类企业可能同时进行几处房地产开发业务，不同地方开发成本比例因为物价或其他原因可能不同，这就会导致有的房屋开发出来销售后的增值率较高，而有的房屋增值率较低，这种不均衡的状态实际会加重企业的税收负担，这就要求企业对开发成本进行必要的调整，使得各处开发业务的增值率大致相同，从而节省税款。

详细的分析论证及大量的实践证明，平均费用分摊是抵销增值额、减少纳税的极好选择。只要生产经营者不是短期行为，而是长期从事开发业务，那么将一段时间内发生的各项开发成本进行最大限度的调整分摊，就可以将这段时期获得的增值额进行最大限度的平均化，这样就不会出现某处或某段时期增值率过高的现象，从而节省部分税款。

9.1.6　控制增值额的税筹方案

案例分析

某房地产开发有限责任公司是 2004 年初注册兴办的，以开发、转让土地及房产为主要业务的小型公司。2004 年 7 月初，该公司按当地一般民用住宅标准建造了一座住宅楼，目前该工程已经完工，并准备以市场价格销售。

在住宅楼开发项目中，公司共发生如下费用：支付 120 万元取得土地使用权，房地产开发成本 60 万元，其他扣除额为 48.5 万元。经过市场调研，公司估计该住宅楼销售收入为 300 万元左右。公司财务人员对这笔业务的主要税收情况进行了测算。

应缴纳营业税、城建税及教育费附加合计（城建税 7%、教育费附加 3%）= 300×5%×（1 + 7% + 3%）=16.5（万元）。

应缴纳的土地增值税计算如下：

扣除金额=120 + 60 + 48.5 + 16.5=245（万元），增值额为：300−245 = 55（万元）。

土地增值率为 =（300-245）÷245 = 22.45%。

取得房地产转让收入 300 万元。

应纳土地增值税额 =（300-245）×30% = 16.5（万元）。

对于这笔销售收入，该公司是否存在避税筹划的可能呢？我们不妨对此作一个分析。

《土地增值税暂行条例》规定，有下列情形之一的，免征土地增值税：

（1）纳税人建造普通标准住宅出售，增值额未超过扣除项目金额20%的。

（2）因国家建设需要依法征用、收回的房地产。

本案例中，该公司按一般民用住宅标准建造普通标准住宅，在这一点上符合《暂行条例》规定的第一种情况，按扣除项目金额的 20% 计算，能够享受免税条件的最大增值额应为 49（245×20%）万元，然而其增值额为 55 万元。实际增值额仅仅超过了 6 万元。如果按照上述方案进行销售，该公司就应全额按 30% 的税率缴纳土地增值税。

如果公司财务人员熟悉这项优惠政策，在该项销售业务销售收入还未进行的情况下（扣除项目金额已经确定），可以计算出享受优惠政策的最大增值额，并就此在实际增值额接近的时候进行适当调整，使其不超过但很接近最大增值额的限度。假如该项业务最终收入为 293 万元，增值额为 48 万元，没有超过 49 万元的最大限额，可以享受免征土地增值税的优惠。应缴纳营业税、城建税及教育费附加合计（城建税 7%、教育费附加 3%）为：293×5%×（1 + 7% + 3%）=16.115（万元）。

可以比原来多得 9.115[293-（300-16.115）] 万元的利润。而且，该公司适当降低住宅售价，有利于缩短住宅楼的销售时间，加快收回投资，减少资金占用。

当然，控制增值"分水岭"，从销售价格的角度来操作比较容易，但是许多人往往看不到这一点而在价格上"吃了亏"。

有这样一个有趣的故事：有位房地产开发商卖了两套相同条件的普通标准住房，卖 25 万元的那套赚了 41 000 元，而卖 26 万元的那套只得到 35 700 元的利润。同样的商品贵卖 10 000 元，却少赚了 5 300 元，原因何在？

原来，根据现行土地增值税的有关政策，纳税人建造普通标准住宅出售的，增值额未超过扣除项目金额20%的，免纳土地增值税，达到或超过20%的，全额计征土地增值税。正是因为缴纳的土地增值税不同，造成了多卖少赚的现象。

其中扣除项目金额包括：

①取得土地使用权所支付的金额。

②开发土地、新建房及配套设施的成本和费用。

③已使用过的旧房及建筑物的评估价格。

④与转让房地产有关的税金，包括转让房地产时缴纳的营业税、印花税、城市维护建设税，以及视同税金扣除的教育费附加。

⑤财政部确定的其他扣除项目，目前规定对从事房地产开发的纳税人允许按取得土地使用权时所支付的金额和房地产开发成本之和的20%加计扣除。

该房地产开发公司建造这套普通标准住宅时，取得土地使用权所支付的金额为5万元，房地产开发成本为10万元，按规定允许扣除的房地产开发费用为5.9万元。我们可做如下计算：

（1）在售价为25万元，则按以上规定扣除项目计算的允许扣除金额为20.9万元。

增值额：25-20.9 = 4.1（万元）

增值率：4.1÷20.9 = 19.61%

增值额未超过扣除项目金额20%，免纳土地增值税，该公司净赚4.1万元。

（2）若售价为26万元，则按以上规定扣除项目计算的允许扣除金额为20.9万元。

增值额：26-20.9 = 5.1（万元）

增值率：5.1÷20.9 = 24.4%

增值额大于扣除项目金额20%，全额计征土地增值税。应纳土地增值税5.1×30% = 1.53（万元）。公司净赚3.57（5.1-1.53）万元。

虽然售价比前者高出1万元，公司却少赚了5 300元。

通过以上分析，我们可以发现，在有一些处于政策平台的转换点附近的商品，在销售时就应该充分考虑商品价格对税收档次爬升的影响。

筹划注意事项

（1）注意把握筹划对象的政策界限。准确界定征税范围可以减少应纳税额。现行税法规定对以下行为征税：出售国有土地使用权；取得国有土地使用权后进行房屋开发建造后出售的；存量房地产的买卖；房地产的抵押等。对房地产出租、继承，企业兼并转让房地产、房地产代建房行为等不征收土地增值税。因此，纳税人应准确把握土地增值税的征税范围，并进行合理操作，以减少应纳税额。

（2）注意土地增值税税率级距的控制。土地增值税的累进税率与所得税一样，具有累进效果，适当地使计税依据处于低一档税率无疑是有好处的。

（3）注意筹划事项的特点。如果多笔应税业务各在不分别核算的情况下，其土地增值税应纳税额少于各笔业务分别核算下的应纳税额之和，这个时候可以选择不分别核算增值额。

9.1.7　借款利息的税筹方案

房地产开发企业在开展房地产开发业务过程中，一般都会发生大量的借款，因此利息支出是不可避免的。利息支出的不同扣除方法会对企业的应纳税额产生很大的影响。

根据《土地增值税暂行条例实施细则》第七条规定，财务费用中的利息支出，凡能够按转让房地产项目计算分摊并提供金融机构证明的，允许据实扣除，但最高不能超过按商业银行同类同期贷款利率计算的金额。其他房地产开发费用，按本条第一和第二项规定计算的金额之和的 5% 以内计算扣除。

用公式表示：

房地产开发费用 = 利息 +（取得土地使用权所支付的金额 + 房地产开发成本）×5% 以内

案例分析

某房地产开发企业开发某住宅，共支付地价款 200 万元，开发成本为 400 万元，则其他开发费用扣除数额不得超过 30[（200 + 400）×5%] 万元，利息按实际发生数扣除。

如果纳税人不能按照转让房地产项目计算分摊利息支出，或不能够提供金融机构贷款证明，房地产开发费用按地价款和房地产开发成本金额的 10% 以内计算扣除，用公式表示：

房地产开发费用 =（取得土地使用权所支付的金额 + 房地产开发成本）× 10% 以内

如上例，房地产开发费用总扣除限额为 60[（200 + 400）×10%] 万元，超限额部分不得扣除。

纳税人在能够按转让房地产项目计算分摊利息支出，并能提供金融机构的贷款证明时，利息支出如何计扣值得考虑。一般而言，企业在进行房地产开发时，借款数额会较大，其实际数会大于（取得土地使用权所支付的金额 + 房地产开发成本）×5%。因此，一般来说，按照第一种方式计扣比较有利于企业节省税款，即房地产开发费用按下式计扣：

房地产开发费用 = 利息 +（取得土地使用权所支付的金额 + 房地产开发成本）×5%

但是，现实中的情况并不总是如此简单。有些企业由于资金比较充裕，很少向银行等金融机构贷款，这方面的利息支出相应地就比较少。这时，如果按照第一种方法计算，则扣除项目金额会较少，而按照第二种方法计算则扣除项目金额会较多。因此企业比较合乎逻辑的做法就是故意不按照转让房地产项目计算分摊利息支出，或是假装不能提供金融机构的贷款证明，这样税务机关就会按照第二种方法计算。

9.1.8　土地多次转让的税筹方案

案例分析

乙公司是甲集团公司下属的一个子公司。为了进一步扩大经营规模，乙公司想建一栋办公楼，故于 1998 年 3 月以 100 万元的价格购进一块土地。由于资金出现问题，该办公楼一直没有建成。但是最近几年城市开发速度很快，乙公司的这块地逐渐升值。2004 年 5 月，乙公司以 300 万元的价格将土地出售给 A 公司，其应缴各项税费计算如下（城建税适用税率为 7%，教育费附加率为 3%，不考虑其他费用）：

应缴纳营业税：财税〔2003〕16 号文件规定，从 2003 年 1 月 1 日起，单位和个人销售或转让其购置的不动产或受让的土地使用权，以全部收入减去不动产或土地使用权的购置或受让原价后的余额为营业额。乙公司应纳转让无形资产营业税为（3 000 000−1 000 000）×5% = 100 000（元），应纳城建税、教育费附加合计为 100 000×（7% + 3%）= 10 000（元）。

应纳土地增值税可按以下步骤计算：

转让这块土地允许扣除项目金额合计：

1 000 000 + 100 000 + 10 000 = 1 110 000（元）

$$转让这块土地可以实现的增值率 = \frac{3\,000\,000-1\,110\,000}{1\,110\,000} \times 100\% = 170.27\%$$

增值率大于 100%，根据税法规定分别适用 30%、40%、50% 三档税率。按速算扣除法计算，应纳土地增值税：（3 000 000−1 110 000）×50% −1 110 000×15% = 778 500（元）

本来，转让不动产和无形资产按转让环节实行道道征收营业税，所以在原政策条件下，不动产和无形资产不便于多次流动。财税〔2003〕16 号文件规定，从 2003 年 1 月 1 日起，单位和个人销售或转让其购置的不动产或受让的土地使用权，以全部收入减去不动产或土地使用权的购置或受让原价后的余额为营业额。这个规定，就为不动产和无形资产的多次流动消除了政策障碍。

从土地增值税的规定来看，该税种适用超率累进税率，增值率越高，适用税率也越高。如果设法降低增值率，就有可能实现避税目的。由此可见，对于土地转让活动而言，增加运营环节，降低增值率和适用税率是减轻土地增值税税负的有效途径。

乙公司可以先将土地通过甲集团公司的其他子公司（如丙公司）做一个流转环节，然后再以协议价格销售给 A 公司。具体做法是：

第一个环节：以 200 万元的价格将土地销售给丙公司，在本环节乙公司应纳税费为：

应缴转让无形资产营业税 =（2 000 000−1 000 000）×5% = 50 000（元）

应缴城建税、教育费附加合计 = 50 000×（7% + 3%）= 5000（元）

应缴土地增值税：扣除项目金额 = 1 000 000 + 50 000 + 5000 = 1 055 000（元）

增值率 =（2 000 000-1 055 000）÷1 055 000×100 % = 89.57%

土地增值税 =（2 000 000-1 055 000）×40%-1 055 000×5% = 372 725（元）

第二个环节，由丙公司以 300 万元的价格将土地销售给 A 公司，丙公司应纳税费为：

应缴转让无形资产营业税 =（3 000 000-2 000 000）×5% = 50 000（元）

应缴城建税、教育费附加 = 50 000×（7% + 3%）= 5000（元）

应缴土地增值税：扣除项目金额 = 200 000 + 50 000 + 5000 = 2 055 000（元）

增值率 =（3 00 0000-2 055 000）÷2 055 000×100% = 46%

土地增值税 =（3 000 000-2 055 000）×30% = 283 500（元）

通过以上计算和分析我们不难看出，虽然通过筹划增加了一道纳税环节，但是并没有增加销售不动产和转让无形资产的营业税负担（低于买价出售除外），筹划前后营业税、城建税以及教育费附加合计负担都是 11 万元。但是，土地增值税的实际负担明显降低，比筹划前下降了 122 275（778 500-372 725-283 500）元。

这是一个逆向思维的典型案例。人们普遍认为，增加纳税环节会增加纳税负担，而减少纳税坏节往往能够起到减轻税收负担的作用。诚然，减少不必要的纳税环节是进行避税筹划的基本方法之一。但是，避税筹划是在一定政策条件下进行的，是减少纳税环节还是增加纳税环节，要看筹划对象所处的政策环境。

对于本案例而言，我们所筹划的对象是土地使用权的转让这样一个具体事项，而与土地使用权转让有关的政策发生了变化，财税〔2003〕16 号文件改变了原来对土地使用权转让实行每一个转让环节都全额征收营业税的规定，从 2003 年 1 月 1 日起，单位和个人销售或转让其购置的不动产或受让的土地使用权，以全部收入减去不动产或土地使用权的购置或受让原价后的余额为营业额。这就是增加纳税环节达到节约土地增值税的依据。由此可见，纳税环节的增减对税收负担的作用并不是固定不变的，有时候适当增加纳税环节也能够减轻税负。

在实施上述筹划方案时，企业需要注意以下三个问题：

（1）注意避税筹划过程的完整性。通过关联企业进行整体筹划时，不能违反《税收征管法》及其《实施细则》有关关联交易的限制性规定。因此，相关企业需要有超前意识，在可以预见的期限内，所筹划的对象——土地或者不动产市场价格持续上涨的，并且计划将其转让的情况下，可以提前进行筹划并进行相关的操作，先以适当的价格在关联企业间进行销售，然后再销售给其他购买人。在转让过程中，不要将销售给关联企业的业务利润放得太低，从而防止出现恶意避税嫌疑。

（2）注意转让环节应有适当的利润。事实上，只有在增值率超过50%时，土地增值税才存在避税筹划的空间。

（3）产权转移时必须缴纳一定的费用，如过户手续费、印花税等。纳税人应当综合测算，在节约的税收与增加的费用之间作出分析，从而在降低税负的同时增加收益。

9.1.9　建房方式的税筹方案

土地增值税税法对不同的建房方式进行了一系列界定，并规定某些方式的建房行为不属于土地增值税征税范围，不用缴纳土地增值税，纳税人如果能注意运用这些特殊政策进行避税筹划，其节税效果是很明显的。

前面已经提到过房地产开发公司有两种基本的建房方式，即房地产代建和合作建房，现具体分析两种建房方式的避税方案。

（1）代建房方式。这种方式是指房地产开发公司代客户进行房地产的开发，开发完成后向客户收取代建房报酬的行为。对于房地产开发公司来说，虽然取得了一定的收入，但由于房地产权自始至终是属于客户的，没有发生转移，其收入也属于劳务性质的收入，故不属于土地增值税的征税范围，而属于营业税的征税范围。

由于建筑行业适用的是3%的税率，税负较低，而土地增值税适用的是

30%～60%的四级超率累进税率，税负显然比前者重，如果在相同收入的情况下，当然是前者更有利于实现收入最大化。因此，如果房地产开发公司在开发之初便能确定最终用户，就完全可以采用代建房方式进行开发，而不采用税负较重的开发后销售方式。这种筹划方式可以是由房地产开发公司以用户名义取得土地使用权和购买各种材料设备，也可以协商由客户自己取得和购买，只要从最终形式上看房地产权没有发生转移便可以了。

为了使该项筹划更加顺利，房地产开发公司可以降低代建房劳务性质收入的数额，以取得客户的配合。由于房地产开发公司可以通过该项筹划节省不少税款，让利部分于客户也是可能的，而且这样也会使得房屋各方面条件符合客户要求，低的价格也可以增强企业的市场竞争力。

（2）合作建房方式。我国税法规定，对于一方出地一方出资金，双方合作建房，建成后按比例分房自用的，暂免征收土地增值税。房地产开发企业也可以很好地利用该项政策。比如某房地产开发企业购得一块土地的使用权准备修建住宅，则该企业可以预收购房者的购房款作为合作建房的资金。这样，从形式上就符合了一方出土地一方出资金的条件。一般而言，一幢住房中土地支付价所占比例应该比较小，这样房地产开发企业分得的房屋就较少，大部分由出资金的用户分得自用。这样，在该房地产开发企业售出剩余部分住房前，各方都不用缴纳土地增值税，只有在房地产开发企业建成后转让属于自己的那部分住房时，才就这一部分缴纳土地增值税。

9.1.10　适当捐赠的避税方案

房地产的赠与是指房地产的原产权所有人和依照法律规定取得土地使用权的土地使用人，将自己所拥有的房地产无偿地捐赠给其他人的民事法律行为。对于这种赠与行为，很多国家都开征了赠与税。我国目前还没有开征这种税，也不对之征收土地增值税。因为按课征土地增值税的三条标准，赠与人捐赠房产是无偿转让，并没有取得收入，因此，不用缴纳土地增值税。

但是，这里仅指以下两种情况。

（1）房产所有人、土地使用权所有人将房屋产权、土地使用权赠与直系亲属或承担直接赡养义务人的。

（2）房产所有人、土地使用权所有人通过中国境内非营利性的社会团体、国家机关将房屋产权、土地使用权赠与教育、民政和其他社会福利、公益事业的。

上述社会团体是指中国青少年发展基金会、希望工程基金会、宋庆龄基金会、减灾委员会、中国红十字会、中国残疾人联合会、全国老年基金会、老区促进会以及经民政部门批准成立的其他非营利组织。

房产所有人、土地使用权所有人将自己房地产进行赠与时，如果不是以上所述两种情况，应该视同有偿转让房地产，应当缴纳土地增值税。因此，当事人应当注意自己的捐赠方式，以免捐赠完了之后，自己反而要承担大笔税款。具体来说，如果当事人在进行捐赠时可以采用以上两种方式，最好采用这两种方式。比如某房地产所有人欲将其拥有的房地产捐赠给希望工程，就一定要符合法定的程序，即通过在中国境内非营利社会团体、国家机关（如希望工程基金会）进行捐赠，而不要自行捐赠。但如果当事人确实无法采用以上两种方式，则应充分考虑税收因素对自己及他人的影响。

比如某房地产所有人欲将拥有的房地产赠与一位好朋友，则可以考虑让受赠人支付税款，也可以采用隐性赠与法，即让该好友实际占有使用该房地产，而不办理房地产产权转移登记手续。

▶ 9.2 房产税的税务筹划

房产税的税务筹划方法对于企业和个人来说都至关重要，有助于降低税负，提高经济效益。以下详细论述房产税的税务筹划方法。

1. 合理利用税收优惠政策

了解并充分利用国家和地方政府制定的房产税税收优惠政策是税务筹划的关键。例如，针对特定类型的房产，如保障性住房、绿色节能建筑等，政府可能会提供税收优惠。因此，企业和个人在投资房产时，可以优先考虑这些类型的房产，以降低税负。

2. 合理确定房产原值和租金收入

房产税的应纳税额通常与房产的原值和租金收入相关。因此，合理确定房产原值和租金收入是税务筹划的重要环节。在确定房产原值时，应充分考虑房屋折旧、维修等因素，以合理降低应税房产原值。同时，在签订租赁合同时，可以通过合理调整租金结构和支付方式降低租金收入，从而减少应纳税额。

3. 选择合适的计税方式

房产税的计税方式有从价计征和从租计征两种。从价计征是按照房产的原值计算应纳税额，而从租计征则是按照房产的租金收入计算应纳税额。企业和个人可以根据实际情况选择合适的计税方式。如果房产的原值较高，但租金收入较低，那么选择从价计征可能更为有利；反之，如果租金收入较高，那么选择从租计征可能更为合适。

4. 合理规划房产持有和使用方式

企业和个人可以通过合理规划房产的持有和使用方式来降低房产税税负。例如，可以将部分房产出租给关联方或合作伙伴，以分摊税负；或者将房产用于符合条件的生产经营活动，以享受税收优惠。此外，通过合理利用房产附属设施、场地等资源，也可以在一定程度上降低房产税税负。

5. 关注税收法规变化和动态

税收法规是一个不断发展和变化的领域，企业和个人需要密切关注相关税收法规的变化和动态，以便及时调整税务筹划方案。同时，与税务部门保持良好的沟通和合作关系，了解最新的税收政策和解读，也是确保税务筹划合规性和有效性的重要途径。

6. 利用临界点筹划法

对于房地产开发企业而言，利用临界点筹划法可以降低土地增值税的税负。具体而言，通过合理控制普通标准住宅的增值额，使其不超过扣除项目金额的 20%，从而免征土地增值税。这需要企业在项目开发过程中进行精细化的成本控制和收益预测。

9.2.1　房产经营方式的税筹方案

房产税纳税过程中，房产经营方式的税务筹划方法对于降低税负具有重要意义。通过合理选择经营方式，可以充分利用税收优惠政策减少税费支出。

1. 税务筹划方法

（1）出租经营：对于出租经营方式，房产所有人可以通过签订租赁合同，将房产出租给承租人使用和收益来获取租金收入。根据我国税法规定，出租房产可以享受免征增值税、企业所得税等税收优惠政策。因此，选择出租经营方式可以降低税负。

（2）自用经营：房产所有人可以选择将房产自用并开展经营活动，例如可以开设健身房、培训中心、酒店等。根据我国税法规定，自用房产可以享受免征房产税等税收优惠政策。因此，选择自用经营方式也可以降低税负。

（3）合作经营：房产所有人可以选择与他人合作经营的方式，将房产作为合作条件，与其他人共同经营。合作经营可以充分利用双方的优势资源，降低经营成本，同时也可以享受税收优惠政策。

（4）转租经营：房产所有人可以将自用或出租的房产再次出租，实现转租经营。转租经营可以获得租金差价收入，同时也可以享受出租经营的税收优惠政策。

2. 案例分析

以李四为例，他拥有一套位于市中心的商业用房，目前选择将其出租经营。为了降低税负，他采用了以下税务筹划方法。

（1）合作经营：李四了解到，与他合作的王五经营一家小型餐饮企业，有意租赁他的商业用房开设餐厅。李四与王五签订了租赁合同，约定由李四提供房产，王五支付租金并共同经营餐厅。通过这种方式，他们可以利用餐饮行业的税收优惠政策，降低税负。

（2）转租经营：除了将房产出租给王五外，李四还将其转租给其他商户，获取租金差价收入。由于转租经营符合出租经营的税收优惠政策，因此李四也享受了相应的税收优惠。

通过以上税务筹划方法，李四成功降低了房产税纳税过程中的税负，提高了个人收益。需要注意的是，税务筹划应在合法合规的前提下进行，避免违反税收法律法规。此外，个人在进行税务筹划时，应充分了解相关税收政策和规定，以确保筹划方案的有效性和合规性。

9.2.2   会计核算中的税筹方案

在房产税纳税过程中，会计核算的税务筹划方法对于优化税务结构、降低税负具有重要意义。通过合理的会计核算处理，企业可以充分利用税法规定，合规地减少税收支出。

1. 税务筹划方法

（1）合理确认房产价值：房产税的计税依据通常是房产的原值或租金收入。因此，合理确认房产价值是税务筹划的关键。企业可以通过准确核算房产的购置成本、改良支出等，确保房产价值的真实性，避免虚增房产价值导致的税负增加。

（2）合理分摊费用：在会计核算中，企业可以通过合理分摊与房产相关的费用，如维修费、保险费、管理费等，降低房产税的计税依据。这要求企业在费用分摊过程中，遵循合理、公平、合法的原则，确保费用的真实性和合理性。

（3）利用折旧政策：对于房产的折旧处理，企业可以根据税法规定选择适当的折旧方法和折旧年限。通过合理利用折旧政策，可以减少房产的账面价值，从而降低房产税的计税依据。

（4）关注税收优惠政策：企业在会计核算过程中，应密切关注与房产税相关的税收优惠政策，如免税、减税等规定。通过充分利用这些政策，可以降低企业的房产税税负。

2. 案例分析

以某房地产开发企业 A 为例，其持有多处商业房产用于出租。为了降低房产税税负，A 企业采用了以下会计核算的税务筹划方法。

（1）合理确认房产价值：A 企业在核算房产价值时，严格按照购置成本、改良支出等实际支出进行确认，避免了虚增房产价值的情况。同时，对于不同类型的房产，A 企业根据其特点采用不同的计价方法，确保房产价值的真实性。

（2）合理分摊费用：A 企业在分摊与房产相关的费用时，遵循合理、公平、合法的原则。例如，对于多栋房产共同使用的维修费用，A 企业按照各房产的建筑面积或租金收入比例进行分摊，确保费用的真实性和合理性。

（3）利用折旧政策：A 企业根据税法规定选择适当的折旧方法和折旧年限。对于新建房产，A 企业采用直线法计提折旧；对于老旧房产，A 企业则采用加速折旧法，以更快地降低房产的账面价值，从而降低房产税税负。

（4）关注税收优惠政策：A 企业密切关注与房产税相关的税收优惠政策，如对于出租给小微企业的房产，可以享受一定的税收减免。A 企业充分利用这些政策，降低了房产税税负。

通过以上会计核算的税务筹划方法，A 企业成功降低了房产税税负，提高了企业的经济效益。需要注意的是，税务筹划应在合法合规的前提下进行，企业应确保会计核算的真实性和准确性，避免违反税收法律法规。同时，企业应及时了解并适应税法政策的变化，以确保税务筹划方案的有效性和合规性。

9.2.3　房产交易中的税筹方案

房产税纳税过程中的税务筹划方法在房产交易环节同样具有重要意义。通过合理的税务筹划，企业可以在房产交易过程中合规地减少税收支出，降低房产税负担。

1. 税务筹划方法

（1）合理确定交易价格：在房产交易过程中，企业应合理确定交易价格，避免低价销售导致税收增加。企业可以通过市场调研，了解同类房产的市场价格，合理确定交易价格，确保交易价格的合理性。

（2）及时办理产权变更：在房产交易过程中，企业应及时办理产权变更手续，确保及时缴纳相关税费。同时，企业应了解税法规定，合理安排交易时间，以降低税负。

（3）利用税收优惠政策：企业在交易过程中，应关注与房产交易相关的税收优惠政策，如对个人出售唯一住房的优惠政策等。企业可以合理利用这些政策，降低房产税税负。

（4）合理划分所得性质：在涉及转让房产的税收中，企业应合理划分所得性质，如个人所得税和企业所得税。通过合理划分所得性质，企业可以避免因混淆而导致的税收增加。

2. 案例分析

以某房地产企业 B 为例，其在进行一笔房产交易过程中，采用了以下税务筹划方法：

（1）合理确定交易价格：B 企业在与买家洽谈交易价格时，充分考虑了同类房产的市场行情，合理确定了交易价格。同时，B 企业还与买家进行了充分沟通，了解买家的实际需求和支付能力，以确保交易价格的合理性。

（2）及时办理产权变更：B 企业在交易完成后，及时办理了产权变更手续，确保及时缴纳相关税费。在办理过程中，B 企业还了解并充分利用了与房产交易相关的税收优惠政策。

（3）利用税收优惠政策：对于这笔交易，B 企业了解到国家对于出售唯一住房的个人有一定的税收减免政策。因此，B 企业在与买家洽谈时，充分考虑了买家的实际情况，确保其满足享受税收优惠政策的条件，从而降低了 B 企业的房产税负担。

通过以上税务筹划方法，B 企业在房产交易过程中成功降低了房产税税负，提高了企业的经济效益。需要注意的是，税务筹划应在合法合规的前提下进行，企业应确保相关税务筹划方案的合规性。同时，企业应及时了解并适应税法政策变化，以确保税务筹划方案的有效性和合规性。

9.2.4　房产继承中的税筹方案

在房产税纳税过程中，房产继承是一个重要环节，涉及税务筹划的问题不容忽视。通过合理的税务筹划，可以在遵守税法规定的前提下，优化税务成本，减轻继承人的税负。

1. 税务筹划方法

（1）充分了解税法规定：在房产继承前，继承人应充分了解相关税法规定，包括继承税的计算方法、税率以及免税额等。这有助于制订合理的税务筹划方案，降低税务风险。

（2）合理规划继承方式：不同的继承方式会对税务成本产生影响。例如，遗嘱继承和法定继承在税务处理上可能存在差异。因此，在制订继承计划时，应根据实际情况选择合适的继承方式。

（3）利用税收优惠政策：税法通常会对特定情况下的房产继承给予一定的税收优惠政策。继承人应关注这些政策，如合理利用免税额度、符合条件的继承税收优惠等，以降低税负。

（4）合理规划继承时间：在某些情况下，通过合理规划继承时间，可以避开高税率时段，降低税务成本。例如，了解税法对房产持有时间的规定，选择合适的时机进行继承过户。

2. 案例分析

以某家庭为例，父亲去世后留下一处房产，子女需要继承该房产。在进行房产继承税务筹划时，他们采取了以下措施：

（1）充分了解税法规定：子女首先查阅财产继承的相关规定。他们发现，根据税法规定，继承人在继承房产时需缴纳一定的税费，同时有一定的免税额度。

（2）利用免税额度：子女计算了房产价值，发现该房产价值并未超过免税额度，无须缴纳继承税。因此，他们决定直接进行继承过户。

（3）合理规划继承时间：在了解税法规定后，子女并未急于进行继承过户。他们注意到，税法对于持有房产一定时间后再进行继承过户的继承人给予了一定的税收优惠。因此，他们决定在合适的时机再进行继承过户，以进一步降低税务成本。

通过以上税务筹划方法，该家庭成功降低了房产继承的税务成本，实现了税务优化。需要注意的是，每个家庭的实际情况不同，税务筹划方法也会有所差异。因此，在进行房产继承税务筹划时，应根据具体情况制订合适的方案，并咨询专业税务人员的意见，确保方案的合规性和有效性。

▶▶ 9.3 关税的税务筹划

关税纳税过程中的税务筹划方法对企业来说至关重要，因为它有助于降低税收成本，优化税收结构，从而提高企业的经济效益。

1. 税务筹划方法

（1）选择合适的贸易伙伴：企业应选择与关税税率较低或享受优惠政策的国家/地区开展贸易合作，以降低整体关税成本。例如，企业可以选择与低税率国家/地区签署自由贸易协定的贸易伙伴，以享受关税减免优惠。

（2）利用原产地规则：企业应了解并合理运用国际贸易协定中的原产地规则，确保其产品符合相关要求，从而享受关税减免优惠。企业可以通过调整生产流程、改变原材料来源等方式，使产品符合原产地规则的要求。

（3）合理规划进出口时间：企业可以通过合理规划进出口时间，确保其产品在享受优惠关税的时段内出口，以降低关税成本。例如，企业可以与贸易伙伴协商，选择在特定时间段内开展贸易工作，以享受关税减免优惠。

（4）充分利用税收协定：企业应充分利用国际税收协定，与相关国家/地区的税务机构进行协商和沟通，确保其在全球范围内的税收负担得到合理降低。企业可以通过与相关国家/地区签署税收协定，明确税收分配和避免双重征税的问题。

（5）多元化贸易方式：企业可以通过多元化贸易方式分散关税风险。例如，企业可以采用加工贸易、转口贸易等方式，降低单一贸易方式带来的关税风险。

（6）合理利用税收优惠政策：企业应了解并充分利用相关国家/地区的税收优惠政策，如研发费用抵扣、固定资产加速折旧等，优化其税务结构，降低关税成本。

2. 案例分析

以一家电子产品制造企业为例，该企业在全球范围内开展业务，涉及多个国家和地区的关税纳税问题。为降低关税成本，该企业采取了以下税务筹划方法：

（1）选择低税率国家／地区采购：该企业发现某些低税率国家／地区的电子元器件价格相对较低，因此选择在这些国家／地区进行原材料采购，以降低整体采购成本。通过这种方式，该企业不仅降低了采购环节的关税成本，还提高了生产效率。

（2）利用原产地规则优化生产布局：该企业优化生产布局，使其产品符合某些国家／地区的原产地规则要求，从而享受关税减免的优惠。通过调整生产流程和改变原材料来源，该企业成功降低了生产环节的关税成本。

（3）与低税率国家／地区签署税收协定：该企业与低税率国家／地区签署了税收协定，明确双方之间的税收分配和避免双重征税的问题。通过这种方式，该企业降低了在低税率国家／地区的税收负担，从而整体上降低了关税成本。

通过以上税务筹划方法，该电子产品制造企业成功降低了关税成本，增加了经济收入。需要注意的是，企业在进行税务筹划时，应充分了解相关税收法规和国际贸易协定，确保筹划的合规性和有效性。同时，企业还应关注市场变化和风险因素，灵活调整贸易策略和税务筹划方案，以应对不断变化的市场环境。

9.3.1 关税计税价格的税务筹划

关税纳税过程中的计税价格税务筹划是一个重要的财务策略，旨在通过合理的方式优化关税支付，降低企业的税务成本。

1. 税务筹划方法

（1）合理选择进口货物的计价货币：关税的计税价格通常以进口货物的成交价格为基础。在选择计价货币时，应考虑汇率波动的影响。若预计计价货币将贬值，就选择以该货币计价可能有利于降低关税支付；反之，若预计货币将升值，则应谨慎选择。

（2）合理安排进口时间：关税税率可能会因政策调整而发生变化。因此，合理安排进口时间，避开高税率时段，有助于降低关税成本。企业可以关注国家相关政策，预测税率变化趋势，并制订相应的进口计划。

（3）利用原产地规则：关税往往针对不同国家或地区的进口货物设置不同的税率。企业应充分利用原产地规则，通过合理的供应链管理，确保进口货物的原产地符合低税率要求，从而降低关税成本。

（4）合理申报货物价值：关税的计税价格通常与货物价值密切相关。企业应确保货物价值申报准确、合理，避免过高或过低申报而导致关税支付过多或面临税务风险。

2. 案例分析

以某进口企业为例，该企业主要从欧洲进口机械设备，并在中国市场销售。在进行关税纳税过程中，该企业采取了以下计税价格税务筹划方法。

（1）计价货币选择：考虑到欧元汇率的波动情况，该企业预测未来一段时间内欧元可能贬值。因此，在与欧洲供应商谈判时，该企业成功将进口货物的计价货币定为欧元，从而降低了因汇率波动导致的关税支付增加的风险。

（2）进口时间安排：该企业关注到国家即将对机械设备进口关税进行调整，预计新税率将高于现行税率。为避免支付更高的关税，该企业提前安排进口计划，赶在新税率实施前完成货物进口。

（3）原产地规则利用：该企业了解到，符合特定原产地规则的机械设备可以享受较低的关税税率。因此，在供应链管理中，该企业加强与供应商的合作，确保进口机械设备的原产地符合相关规则，从而享受低税率优惠。

（4）货物价值申报：该企业严格按照海关规定，准确申报进口机械设备的价值。在申报过程中，企业提供了充分的证明材料，确保海关对货物价值的认定准确、合理，避免了因申报不当导致的税务风险。

通过以上税务筹划方法，该企业成功降低了关税成本，提高了进口业务的盈利能力。需要注意的是，每个企业的实际情况不同，税务筹划方法也会有所差异。因此，在进行关税纳税过程中计税价格的税务筹划时，企业应结合自身情况制订合适的方案，并遵循相关税法规定，确保筹划的合规性和有效性。

9.3.2　出口商品的税务筹划

关税纳税过程中进出口商品的税务筹划是一个复杂的财务策略，旨在通过合理的税务规划来降低企业的税务负担，增加经济收入。

1. 税务筹划方法

（1）利用关税优惠政策：不同国家或地区之间可能存在关税优惠政策，如自由贸易协定、关税同盟等。企业应充分利用这些政策，通过选择合适的进口来源地或出口目的地，享受关税减免或优惠税率，降低关税成本。

（2）合理规划进出口时间：关税税率可能会因政策调整、贸易关系变化等因素而变动。企业应密切关注相关政策动态，合理规划进出口时间，避开高税率时段，降低关税支出。

（3）准确申报商品归类和价格：关税的计征通常与商品的归类和价格密切相关。企业应确保进出口商品归类准确，避免因归类错误而导致支付过多关税。同时，企业应合理申报商品价格，避免价格虚高或虚低带来的税务风险。

（4）利用关税保税制度：一些国家或地区设立了关税保税制度，允许进口商品在特定条件下暂免缴纳关税。企业可以充分利用这一制度，将进口商品存储在保税仓库中，根据市场需求和销售情况逐步缴纳关税，降低资金占用成本。

2. 案例分析

以我国某进出口企业为例，该企业主要从事电子产品的进出口业务。为降低关税成本，该企业采取了以下税务筹划方法。

（1）利用关税优惠政策：该企业了解到，中国与某国签订了自由贸易协定，对电子产品进口实施零关税政策。因此，在采购电子产品时，该企业优先选择从该国进口，享受关税减免优惠，降低了进口成本。

（2）合理规划进出口时间：该企业注意到，国家即将对电子产品进口关税进行调整，预计新税率将高于现行税率。为避免支付更高的关税，该企业提前与供应商沟通，将原本计划在新税率实施后进口的电子产品提前至新税率实施前进口，成功避免了关税支出的增加。

（3）准确申报商品归类和价格：该企业严格遵守海关规定，对进口电子产品进行准确归类，并提供充分的证明材料，确保海关对商品归类认定准确。同时，企业合理申报商品价格，避免了因价格虚高而导致支付过多关税。

（4）利用关税保税制度：该企业利用关税保税制度，将部分进口电子产品存储在保税仓库中。根据市场需求和销售情况，该企业逐步从保税仓库中提取产品并缴纳关税，有效降低了资金占用成本。

通过以上税务筹划方法，该企业在进出口商品的关税纳税过程中成功降低了关税成本，增加了经济收入。需要注意的是，每个企业的实际情况和所处的市场环境不同，因此在进行税务筹划时应结合自身情况制订合适的方案，并遵循相关税法规定，确保筹划的合规性和有效性。

9.3.3 利用保税制度进行税务筹划

关税纳税过程中利用保税制度的税务筹划是一个重要的财务策略，它能够帮助企业降低关税成本，增加经济收入。

1. 税务筹划方法

保税制度是指海关暂时免征关税，允许进口货物在特定条件下存储在保税仓库中，等待规定期间内的确切进口计划后再进行海关申报的制度。利用保税制度进行税务筹划，可以从以下几方面入手。

（1）降低资金占用成本：通过保税制度，进口商品可以在保税仓库中存储，无须立即缴纳关税，降低了企业资金占用成本。

（2）灵活应对市场变化：企业可以根据市场需求和销售情况，逐步从保税仓库中提取货物并缴纳关税，避免了因市场变化导致的库存积压风险。

（3）规避关税风险：通过保税制度，企业可以规避因进口计划不确定、商品归类或价格申报错误等导致的关税风险。

2. 案例分析

以某进出口企业为例，该企业主要从事电子产品进出口业务。为降低关税成本、应对市场变化，该企业采取了以下利用保税制度的税务筹划方法：

（1）利用保税制度存储进口电子产品：该企业与供应商协商，将部分进口电子产品存储在保税仓库中。由于无须立即缴纳关税,该企业可以灵活应对市场变化,根据销售情况逐步提取货物并缴纳关税,降低了库存积压的风险。

(2)合理规划缴纳关税的时间:该企业与保税仓库和海关保持密切沟通,确保在需要提取货物时能够及时办理海关手续并缴纳关税。通过合理规划缴纳关税的时间,该企业降低了资金占用成本,提高了资金使用效率。

(3)充分利用关税优惠政策:该企业了解到某自由贸易区对电子产品实施了关税减免政策。因此,在采购电子产品时,该企业优先选择在该自由贸易区进口,充分利用了关税优惠政策,进一步降低了进口成本。

通过以上税务筹划方法,该企业在进出口商品的关税纳税过程中成功利用了保税制度,降低了关税成本和资金占用成本,增加了经济收入。需要注意的是,企业在进行税务筹划时,应充分了解相关政策规定和操作流程,确保筹划的合规性和有效性。同时,企业还应关注市场变化和风险因素,灵活调整进口计划和策略,以应对不断变化的市场环境。

9.3.4　进出口环节的税务筹划

关税纳税过程中进出口环节的税务筹划是一个重要的财务策略,它能够帮助企业降低关税成本,增加经济收入。

1. 税务筹划方法

(1)选择合适的贸易方式:根据不同贸易方式的关税政策,选择有利于降低关税成本的贸易方式。例如,对于部分适用零关税政策的商品,可以考虑通过跨境电商等贸易方式进口。

(2)合理安排进口时间:企业可以根据市场情况和销售计划合理安排进口时间,避免在市场旺季大量进口,导致库存积压和关税成本增加。

(3)利用保税制度:如前所述,保税制度允许进口货物在特定条件下存储在保税仓库中,等待规定期间内的确切进口计划后再进行海关申报。企业可以利用保税制度降低资金占用成本,并灵活应对市场变化。

(4)合理选择运输方式:企业可以根据关税成本和运输效率等因素,选择合适的运输方式。例如,对于部分适用"境内无关"政策的商品,可以通过空运等方式降低关税成本。

2. 案例分析

以某进出口企业为例，该企业主要从事电子产品进出口业务。为降低关税成本并应对市场变化，该企业采取了以下进出口环节的税务筹划方法：

（1）选择合适的贸易方式：该企业与供应商协商，将部分电子产品以跨境电商贸易方式进口。由于跨境电商贸易适用较低的关税税率，该企业通过这种方式进口电子产品，降低了关税成本。

（2）合理安排进口时间：该企业根据市场需求和销售情况，选择在市场淡季进行部分电子产品的进口。通过这种方式，该企业避免了库存积压的风险，同时降低了关税成本。

（3）利用保税制度：该企业与保税仓库和海关保持密切沟通，将部分电子产品存储在保税仓库中。由于无须立即缴纳关税，该企业可以根据销售情况逐步提取货物并缴纳关税，提高了资金使用效率。

例如，某企业准备进口一批医疗器械设备，按照一般贸易方式进口需要缴纳较高的关税。通过了解相关政策并利用保税制度，该企业将医疗器械设备存储在保税仓库中，待市场销售情况明确后再进行海关申报。这样既避免了短期内占用大量资金的压力，又降低了短期内可能出现的库存积压风险。

通过以上税务筹划方法，该企业在进出口环节成功进行了税务筹划，降低了关税成本和库存积压风险，提高了经济效益。需要注意的是，企业在进行税务筹划时，应充分了解相关政策规定和操作流程，确保筹划的合规性和有效性。同时，企业还应关注市场变化和风险因素，灵活调整进口计划和策略，以应对不断变化的市场环境。

下面，我们讲一个更具体的案例——购买进口车的纳税筹划。

2003年4月15日，珠海市某进出口公司从德国进口奔驰600型小轿车2部自用，报关进口时，海关审定的计税价为450 000元/辆（含随同报关的工具件和零部件50 000元/辆），海关课征关税405 000元/辆，海关代征消费税68 400元/辆，增值税156 978元/辆。如果该进出口公司不进行纳税筹划，应纳的车辆购置税为：

组成计税价格＝关税完税价格＋关税＋消费税 = 450 000 + 405 000 + 68 400 = 923 400（元）

应纳车辆购置税税额＝自用数额×组成计税价格×税率 =2×923 400×10% = 184 680（元）

购置两部轿车实际支付款项＝（450 000 + 405 000 + 68 400 + 156 978）× 2 + 184 680= 2 3454 36（元）

纳税筹划的做法是：该进出口公司进口报关时，将每部车的工具件和零部件 50 000 元单独报关进口，其纳税情况如下：

依照现行关税的有关规定，进口小轿车整车的税率相对较高，而进口零部件的税率则较低，假若进口小轿车整车的税率为 90%，进口零部件的税率为 45%，则：

应纳关税税额 = 400 000×2×90% + 50 000×2×45% = 765 000（元）

少纳关税税额 = 405 000×2-756 000 = 45 000（元）

应纳消费税税额 =（400 000×2 + 765 000）×8% = 125 200（元）

少纳消费税税额 = 68 400×2-125 200 = 11 600（元）

国内增值税税额 =［（400 000 + 50 000）×2 + 765 000 + 125 200]×17% = 304 334（元）

少纳增值税税额 = 156 978×2-304 334 = 9622（元）

车辆购置税组成计税价格＝关税完税价格＋关税＋消费税 = 400 000×2 + 765 000 + 125 200= 1 690 200（元）

应纳车辆购置税税额＝组成计税价格×税率 = 1 690 200×10%=169 020（元）

少纳车辆购置税税额 =184 680-169 020 = 15 660（元）

购置两部轿车实际支付款 = 900 000 + 756 000 + 125 200 + 304 334 + 169 020 = 2 263 554（元）

相比节约税收 = 2 345 436-2 263 554 = 81 882（元）

9.3.5 国际贸易协定的税务筹划

关税纳税过程中，国际贸易协定的税务筹划方法对于企业来说是一种重要的策略，它可以帮助企业优化税收结构，降低关税成本，从而提高竞争力。

1. 税务筹划方法

（1）利用自由贸易协定：企业可以充分利用与贸易伙伴之间签署的自由贸易协定，享受协定中规定的关税减免或优惠。通过了解并合理运用这些协定，企业可以大幅度降低关税支出。

（2）选择低税率或零税率国家/地区进行贸易：根据国际贸易协定，某些国家/地区之间可能存在低税率或零税率的优惠。企业可以通过在这些国家/地区设立贸易伙伴或中转点，以享受低税率或零税率的优惠，降低关税负担。

（3）利用原产地规则：国际贸易协定中通常包含原产地规则，即产品必须满足一定的生产条件才能享受关税减免。企业可以通过调整生产流程、改变原材料来源等方式，使产品符合原产地规则，从而享受关税减免。

（4）合理利用税收协定避免双重征税：国际税收协定旨在避免对同一笔收入或资本进行双重征税。企业可以利用税收协定，确保其在不同国家/地区之间的贸易活动不会受到双重征税的影响，从而降低税收负担。

2. 案例分析

以一家跨国电子产品制造企业为例，该企业在全球范围内开展业务，涉及多个国家和地区的关税纳税问题。为降低关税成本，该企业采取了以下国际贸易协定下的税务筹划方法。

（1）利用自由贸易协定：该企业与其主要市场之一的国家 A 签署了自由贸易协定，根据协定规定，该企业向国家 A 出口电子产品时，可以享受关税减免的优惠。

（2）选择低税率或零税率的国家/地区进行贸易：该企业发现在国家 B 进口电子元器件时关税较低，于是选择在国家 B 设立采购中心，从国家 B 进口电子元器件，然后再加工为成品出口到其他国家。通过这种方式，该企业降低了整体关税成本。

（3）利用原产地规则：该企业发现，通过调整生产流程，使其产品符合某些国家/地区的原产地规则，可以享受关税减免。于是，该企业优化生产布局，确保产品满足相关原产地规则，从而降低了关税负担。

（4）合理利用税收协定避免双重征税：该企业在全球范围内设立了多个子公司和分支机构，涉及不同国家／地区之间的税收问题。为避免双重征税，该企业充分利用国际税收协定，与各国税务机构进行协商和沟通，确保其在全球范围内的税收负担得到合理降低。

通过以上国际贸易协定下的税务筹划方法，该跨国电子产品制造企业成功降低了关税成本，增加了经济收入。需要注意的是，企业在进行税务筹划时，应充分了解相关国际贸易协定和税收法规，确保筹划的合规性和有效性。同时，企业还应关注市场变化和风险因素，灵活调整贸易策略和税务筹划方案，以应对不断变化的市场环境。

▶ 9.4 车船税的税务筹划

车船税的税务筹划方法主要有以下几个方面。

1. 合理选择车辆类型

企业可以根据自身实际情况和需求，选择合适的车辆类型进行税务筹划。不同车辆类型的车船税税率可能存在差异，企业可以根据车辆使用情况、车辆价值等因素，选择最适合自己的车辆类型，以达到降低税负的目的。

2. 合理规划车辆数量和用途

企业可以根据自身经营情况和税收法规的规定，合理规划车辆数量和用途，以达到降低税负的目的。企业可以通过租赁或借用等方式，合理安排车辆的使用和归属，避免因车辆归属问题而产生的税务风险。

3. 利用税收优惠政策进行税务筹划

企业可以利用车船税的税收优惠政策来进行税务筹划。国家为了鼓励节能环保等产业的发展，出台了一系列车船税税收优惠政策。企业应密切关注税收法规的变化，及时了解并利用相关税收优惠政策，如对节能环保等车辆的税收优惠政策，以降低税负。

4. 利用纳税期限进行税务筹划

企业可以通过合理规划车船税的缴纳期限来进行税务筹划。企业可以选择在应纳税款期限内及时缴纳车船税，避免因逾期缴纳而产生的滞纳金等额外费用，降低税负的同时也避免了税务风险。

5. 利用保险方式进行税务筹划

企业可以通过选择合适的保险来进行税务筹划。车船税的保险缴纳方式可能存在差异，企业可以根据自身实际情况和需求，选择最适合自己的保险方式，以达到降低税负的目的。同时，企业也可以通过合理安排保险期限和保险金额的方式达到节约税款的目的。

综上所述，车船税的税务筹划方法多种多样，企业可以根据自身情况和需求选择合适的筹划方法，以降低税负、提高经济效益。同时，企业还需要保持对税收法规的关注和了解，确保税务筹划的合规性和有效性。

案例分析：购买国产车的纳税筹划

2003 年 3 月 12 日，陈先生从深圳市某汽车公司购买一辆桑塔纳轿车自用，支付车款 230 000 元（含增值税），另外支付的费用有：临时牌照费用 200 元，购买工具用具 3 000 元，代收保险金 350 元，车辆装饰费 15 000 元。各款项由汽车销售公司开具发票。

如果不进行纳税筹划，陈先生应纳的车辆购置税为：

计税价格 = （230 000 + 200 + 3000 + 350 + 15 000）÷（1 + 17%）= 212 435.90（元）

应纳车辆购置税税额 = 212 435.90×10% = 21 243.59（元）

纳税筹划的做法是：将各项费用分开由有关单位（企业）另行开具票据，使其不计车辆购置税。

按税法规定

（1）代收款项应区别对待征税。凡使用代收单位的票据收取的款项，应视为代收单位的价外费用，应并入计算征收车辆购置税；凡使用委托方的票据收取，受托方只履行代收义务或收取手续费的款项，不应并入计征车辆购置税，按其他税收政策规定征税。

（2）购买者随车购买的工具或零件应作为购车款的一部分，并入计税价格征收车辆购置税；但如果不同时间或销售方不同，则不应并入计征车辆购置税。

（3）支付的车辆装饰费应作为价外费用，并入计征车辆购置税；但如果不同时间或收款单位不同，则不应并入计征车辆购置税。经过纳税筹划，各项费用另行开具票据，其应纳车辆购置税为：

计税价格 = 230 000÷（1 + 17%）= 196 581.20（元）

应纳车辆购置税税额 = 196 581.20×10% = 19 658.12（元）

相比少纳车辆购置税税额 = 21 243.59－19 658.12 = 1 585.47（元）

▶ 9.5 印花税的税务筹划

印花税的税务筹划方法主要涉及合同签订和金额安排等方面，旨在通过合理筹划降低印花税的税负。

1. 税务筹划方法

（1）压缩金额筹划法

印花税的计税依据是合同上所载的金额，通过合理筹划降低合同表面金额可以达到少缴税款的目的。例如，在签订加工承揽合同时，如果合同金额中包含辅助材料费用，可以通过委托方自己提供辅助材料的方式，将辅助材料费用从合同金额中剔除，从而降低印花税计算基数。

（2）利用模糊金额法

在某些情况下，经济合同当事人在签订合同时可能无法确定最终的计税金额。这时，可以利用模糊金额法进行税务筹划。具体操作上，可以在合同中约定根据实际结算情况调整印花税，从而避免因金额无法确定而带来的税务风险。

（3）分别填写金额

在签订合同时，如果涉及两个或两个以上税目，应分别填写金额。这样可以避免将不同税目的金额混同计算，导致税负增加。例如，在涉及增值税的合同中，应将增值税额从合同总价款中单独列明，以便按不含增值税的价款计算印花税。

（4）选择低税率合同

根据印花税法的规定，不同种类的合同适用不同的税率。因此，在签订合同时，可以选择适用税率较低的合同类型进行税务筹划。例如，在可以选择购销合同或加工承揽合同的情况下，如果购销合同税率较低，可以考虑选择签订购销合同以降低印花税税负。

（5）合理安排纳税期限

印花税的纳税期限一般根据合同的签订时间和履行情况确定。企业可以通过合理安排纳税期限，避免在资金紧张时集中缴纳印花税，从而减轻资金压力。

需要注意的是，印花税税务筹划方法应在合法合规的前提下进行。企业在进行税务筹划时，应充分了解税收法规和政策，遵循税收法规的规定，确保筹划活动的合法性和有效性。同时，企业还应根据自身实际情况和需求，选择适合自己的税务筹划方法，以达到降低税负、提高经济效益的目的。

2. 案例分析

振兴铝合金门窗厂与安居建筑安装企业签立了一份加工承揽合同，合同中有如下规定。

（1）振兴铝合金门窗厂受安居建筑安装公司委托，负责加工总价值 50 万元的铝合金门窗，加工所需原材料由铝合金门窗厂提供。振兴铝合金门窗厂共收取加工费及原材料费共 30 万元。

（2）振兴铝合金门窗厂提供零配件，价值 5 万元。

根据该份合同，振兴铝合金门窗厂需要交印花税（30 000 + 50 000）× 0.05% = 175（元）。

分析：由于合同签立不恰当，振兴铝合金门窗厂在不知不觉中多缴纳了税款。

我国印花税法对加工承揽合同的计税依据有如下规定。

（1）加工承揽合同的计税依据为加工或承揽收入。如有受委托方提供原材料金额的，可不并入计税依据，但受托方提供辅助材料的金额，应并入计税金额。

（2）加工承揽合同规定由受托方提供原材料的，若合同中分别记载加工费金额和原材料金额，应分别计税：加工费金额按加工承揽合同运用 0.05% 税率计税，原材料金额按购销合同适用 0.03% 税率计税，并按两项税额相加的金额贴花；若合同中未分别记载两项金额，而只有混汇的总金额，则从高适用税率，应按全部金额依照加工承揽合同，适用 0.05% 税率计税贴花。

由此可见，在此案例中，如果合同中将振兴铝合金门窗厂所提供的加工费金额与原材料金额分别核算，就能达到节税的目的。如加工费为 10 万元，原材料费为 20 万元，所需贴花的金额为：200 000×0.03% + 100 000×0.05% + 50 000×0.05% = 135（元）。

在许多企业财务人员眼里，印花税是极不起眼的小税种。但是企业在生产经营中总是频繁地订立各种各样的合同，且有些合同金额巨大，因而印花税的筹划不仅是必要的，而且是重要的。

由于印花税税率较小，印花税筹划的关键集中在计税依据的确定上，掌握以下几点将有利于财务人员准确地计算印花税，避免多纳税。

（1）同一凭证载有两个或两个以上经济事项而适用不同税目税率，如分别记载金额，应分别计算应纳税额，相加后按合计税额贴花；如未分别记载金额，按税率较高的计税贴花。

（2）应税凭证所载金额为外国货币的，应按照凭证书立金额当日国家外汇管理局公布的外汇牌价折合人民币，然后计算应纳税额。

（3）应纳税额不足 1 角的，免纳印花税；1 角以上的，其税额尾数不满 5 分的不计，满 5 分的按 1 角计算。

（4）对于在签订时无法确定计税金额的合同，可在签订时先按定额 5 元贴花，以后结算时再按实际金额计税，补贴印花。

（5）商品购销活动中，采用以货换货方式进行商品交易签订的合同，是反映既购又销双重经济行为的合同，应按合同所载的购销合计金额计税贴花。合同未列明金额的，应按合同所载购、销数量依照国家牌价或者市场价格计算应纳税额。

（6）对国内各种形式的货物联运，凡在启运地统一结算全程运费的，应以全程运费作为计税依据，由起运地运费结算双方缴纳印花税；凡分程结算运费的，应以分程的运费作为计税依据，分别由办理运费结算的各方缴纳印花税。

（7）对国际货运，凡由我国运输企业运输的，不论在我国境内还是境外启运或中转分程运输的，我国运输企业所持的一份运费结算凭证，均按本程运费计算应纳税额；托运方所持的一份运输结算凭证，按全程运费计算应纳税额。由外国运输企业运输进出口货物的，外国运输企业所持的一份运费结算凭证免纳印花税；托运方所持的一份运费结算凭证应缴纳印花税。

▶ 9.6 契税的税务筹划

契税的税务筹划方法多种多样，主要目的是在合法合规的前提下，通过合理的税务安排来降低契税负担，从而提高企业的经济效益。以下将详细论述契税的税务筹划方法。

1.合理确定计税依据

契税的计税依据是土地使用权、房屋所有权的转移价值。因此，合理确定计税依据是契税税务筹划的关键。企业可以通过评估土地、房屋的实际价值，结合市场行情，与税务机关进行充分沟通，合理确定计税依据，避免过高或过低的计税价值带来的税务风险。

2.利用税收优惠政策

国家为了鼓励特定产业的发展或促进房地产市场健康发展，会出台一些契税的税收优惠政策。企业可以充分利用这些政策，通过符合政策规定的方式进行土地使用权、房屋所有权的转移，享受税收优惠，降低契税负担。

例如，某地区针对高新技术企业给予契税减免政策。一家高新技术企业A在购置新办公大楼时，可以充分利用这一政策，通过向税务机关提供相关证明材料申请契税减免，从而减轻税负。

3.合理安排交易时间和方式

契税的纳税义务发生时间通常与土地使用权、房屋所有权的转移时间相关。因此，企业可以通过合理安排交易时间和方式，来影响契税的纳税义务。

例如，企业 B 计划将一块土地的使用权转让给关联企业 C。考虑到当前契税税率较高，B 企业可以与 C 企业协商，将交易时间推迟至税率下调后，从而降低契税负担。此外，B 企业还可以考虑通过股权转让等方式实现土地使用权的转移，以规避契税的缴纳。

4. 利用关联企业间的交易

关联企业间的交易为契税税务筹划提供了空间。企业可以通过与关联企业间的土地使用权、房屋所有权交易，合理安排计税依据和交易价格，达到降低契税负担的目的。

例如，企业 D 拥有一块价值较高的土地，计划将其转让给关联企业 E 进行房地产开发。为了降低契税负担，D 企业可以与 E 企业协商，将土地转让价格定在一个合理的水平，避免过高价格带来的高税负。同时，D 企业还可以考虑与 E 企业共同开发该土地，通过分享开发收益的方式实现税务筹划。

9.7 资源税的税务筹划

资源税的税务筹划方法主要围绕如何合理利用资源税的优惠政策、合理确定计税依据、利用税收临界点进行税务筹划等方面展开。

1. 合理利用资源税的优惠政策

国家为了鼓励特定资源的开发和使用，会出台一些资源税的优惠政策。企业可以通过了解并充分利用这些优惠政策，达到降低税负的目的。

例如，某采石矿企业拥有丰富的石灰岩资源，根据当地资源税政策，开采未利用石灰岩可以享受一定的资源税优惠。企业可以利用这一优惠政策，合理安排开采计划，优先开采未利用石灰岩，从而降低资源税负担。

2. 合理确定计税依据

资源税的计税依据通常与资源的销售收入或利润相关。企业可以通过合理控制销售收入或利润来影响计税依据，达到降低税负的目的。

例如，某煤炭企业计划提高煤炭售价，但考虑到资源税的影响，企业可以通过调整生产成本和销售策略降低单位成本，从而降低计税依据，达到降低税负的目的。

3. 利用税收临界点进行税务筹划

在资源税中存在一些税收临界点，企业可以通过合理安排生产、销售等环节，使得计税依据恰好处于临界点以下，从而达到降低税负的目的。

例如，某盐业企业计划扩建盐田面积，如果扩建后的盐田面积恰好处于临界点以下，企业可以通过调整生产计划和销售策略，使得盐田面积符合税收优惠政策的要求，从而享受税收优惠，降低资源税负担。

4. 结合多种方法进行综合筹划

在税务筹划过程中，企业应该结合多种方法进行综合筹划，以达到最佳的税务筹划效果。

例如，某石油企业计划收购一家油田，在税务筹划时，该企业可以综合考虑资源税的优惠政策、计税依据以及税收临界点等因素，制订出最优的收购方案，从而实现降低税负的目的。

▶ 9.8 环境保护税的税务筹划

环境保护税的税务筹划方法主要围绕如何合规地降低税负、优化生产流程、提升资源利用效率等方面进行。

1. 优化生产流程以减少污染物排放

环境保护税的计税依据通常与污染物排放量直接相关，通过优化生产流程、采用先进的环保技术减少污染物排放，是降低环境保护税负担的有效方法。

例如，某化工企业面临环境保护税的压力，为了降低税负，企业决定引进先进的废气处理设备，对生产过程中的废气进行深度处理，确保达标排放。同时，企业还对生产流程进行优化，减少了不必要的废水和固废的产生。通过这些措施，企业成功降低了污染物排放量，从而减少了环境保护税的缴纳金额。

2. 合理利用环保税收优惠政策

国家为了鼓励企业加强环境保护，通常会出台一些环保税收优惠政策。企业可以充分了解并利用这些政策，降低税务成本。

例如，某造纸企业积极响应国家环保政策，投资建设了污水处理设施，实现了废水的循环利用。根据当地环保税政策，企业可以享受环保税减免优惠。企业及时申请了相关优惠，成功降低了环保税的缴纳金额。

3. 加强环保管理，提高环保意识

加强环保管理，提升员工的环保意识，也是降低环保税负担的重要途径。企业可以通过加强内部环保培训、建立环保管理制度等方式提升员工的环保意识，确保生产过程中的环保措施得到有效执行。

例如，某电力公司加强了内部环保管理，制定了严格的环保规章制度，并定期对员工进行环保培训。同时，企业还加大了对环保设施的投入，确保生产过程中的废气、废水等污染物得到有效处理。通过这些措施，企业不仅降低了环保税负担，还提升了环保形象。

4. 结合具体业务进行税务筹划

不同行业、不同业务面临的环境保护税压力有所不同，企业需要结合具体业务进行税务筹划。

例如，某建筑企业在进行税务筹划时，考虑到其业务涉及大量土方开挖和运输，可能产生扬尘污染，决定采用封闭式运输车辆、设置洒水降尘设施等措施，减少扬尘排放。同时，企业还积极申请环保税收优惠政策，降低税务成本。通过这些措施，企业生产既满足了环保要求，又降低了税务负担。

9.9 城市维护建设税的税务筹划

城市维护建设税的税务筹划方法主要涉及如何选择纳税人身份、利用税率差异、合理划分所得等。

1. 选择纳税人身份以降低税负

城市维护建设税的纳税人包括缴纳增值税、消费税、营业税的单位和个人，纳税人身份的选择对税负有直接影响。企业可以通过合理选择供应商或合作伙伴的纳税人身份，实现降低税负的目的。

例如，某制造企业与一家个体户签订了原材料采购合同。按照规定，个体户需要缴纳增值税和城市维护建设税。企业可以通过与一般纳税人合作，将个体户视为一般纳税人进行采购，从而避免重复征税，降低企业税负。

2. 利用税率差异进行税务筹划

城市维护建设税的税率在不同地区、不同行业存在差异。企业可以利用这种税率差异进行税务筹划，选择适用较低税率的地区或行业开展业务活动。

例如，某建筑企业可以对比不同地区的城市维护建设税税率，选择税率较低的地区开展业务，从而降低整体税负。企业还可以与地方政府或相关部门沟通，争取享受当地的税收优惠政策，进一步降低税负。

3. 合理划分所得以规避适用高税率

城市维护建设税与增值税、所得税一样，也涉及税率问题。企业可以通过合理划分所得规避适用高税率，从而降低整体税负。

例如，某商贸企业可以将部分收入转化为成本费用列支，从而降低利润水平，避免适用较高的所得税税率。同时，企业还可以合理规划增值税的纳税时间，实现延迟纳税，减轻现金流压力。这些措施都可以在一定程度上降低企业的税收负担。

再比如，某大型房地产开发公司 A 需要在多个城市开发项目，涉及大量的增值税和城市建设维护税。公司可以综合考虑各个项目的实际情况，选择适用较低税率的地区开展业务，同时合理划分所得以规避适用高税率。

具体而言，A 公司可以对比不同地区的城市建设维护税税率，选择税率较低的地区开展项目，以降低整体的税收负担。此外，公司还可以通过合理规划所得的划分，将部分收入转化为成本费用列支，从而降低利润水平，避免适用较高的所得税税率。

▶▶ 9.10 城镇土地使用税的税务筹划

城镇土地使用税的税务筹划方法主要涉及如何选择计税面积、利用地区差异、合理划分所得等。

1. 选择计税面积以降低税负

城镇土地使用税的计税依据一般为纳税人实际占用的土地面积，能否选择合适的计税面积对税负有直接影响。企业可以通过合理规划土地使用，选择较小的计税面积，从而降低土地使用税的税负。

例如，某企业有多块位于不同地区的土地，可以根据土地的地理位置、使用情况等因素，选择其中使用较少且税负较低的地区开展业务活动，从而降低整体的土地使用税负担。

2. 利用地区差异进行税务筹划

城镇土地使用税的税率在不同地区存在差异，企业可以利用这种地区差异进行税务筹划，选择适用较低税率的地区开展业务活动。

例如，某企业位于多个不同地区的分支机构，可以对比不同地区的税率，选择税率较低的地区设立分支机构，从而降低整体的税收负担。企业还可以与地方政府或相关部门沟通，争取享受当地的税收优惠政策，进一步降低税负。

3. 合理划分所得以规避适用高税率

城镇土地使用税与所得税一样，也涉及税率问题。企业可以通过合理划分所得来规避适用高税率，从而降低整体税负。

例如，某企业可以将部分土地使用费用转化为其他形式的支出，从而降低利润水平，避免适用较高的所得税税率。同时，企业还可以合理规划土地使用费的缴纳时间，实现延迟纳税，减轻现金流压力。这些措施都可以在一定程度上降低企业的税收负担。

假设某大型连锁超市集团在多个城市拥有多家分支机构，涉及大量的土地使用费。企业可以通过利用地区差异进行税务筹划，选择适用较低税率的地区开展业务活动。具体而言，企业可以对比不同地区的税率，选择税率较低的地区设立分支机构或租赁场地，从而降低整体的税收负担。

此外，企业还可以通过合理划分所得的方式降低整体税负。例如，企业可以将部分土地使用费用转化为其他形式的支出，如广告费用、人员培训费用等，从而降低利润水平，避免适用较高的所得税税率。同时，企业还可以与当地税务部门沟通，争取享受当地的税收优惠政策，进一步降低整体税负。

▶▶ 9.11 车辆购置税的税务筹划

车辆购置税的税务筹划方法主要涉及如何选择购车时机、合理选择车辆类型、利用税收优惠政策等。

1. 选择购车时机

根据政策规定，车辆购置税的免税或减税条件包括特定行业或特定类型的车辆。企业可以根据自身情况，选择符合免税或减税条件的购车时机，从而降低车辆购置税的税负。

例如，某企业符合特定行业的条件，可以享受车辆购置税的免税政策。企业可以根据行业发展趋势、市场需求等因素，选择在市场前景较好、需求旺盛的时机购车，从而满足免税条件，降低税负。

2. 合理选择车辆类型

根据政策规定，不同类型车辆适用的税率可能存在差异。企业可以根据业务需求和财务状况，合理选择车辆类型，从而降低车辆购置税的税负。

例如，某企业需要一辆用于商务接待的车辆，可以选择购买轿车而非SUV。因为根据政策规定，商务接待用车可享受较低的车辆购置税税率，选择购买轿车可以降低税负。

3. 利用税收优惠政策

企业还可以通过了解并充分利用税收优惠政策进行税务筹划，降低车辆购置税的税负。这些优惠政策包括但不限于特定行业或地区的税收优惠、购车数量的限制等。企业可以通过合规的方式了解并利用这些优惠政策，降低税收负担。

假设某企业计划购买一辆商务接待车，预计购车费用为20万元。企业可以通过了解并利用税收优惠政策进行税务筹划，降低车辆购置税的税负。具体而言，企业可以向当地税务部门咨询相关政策，了解是否可以享受特定行业的税收优惠或购车数量的限制等。如果可以享受优惠政策，企业可以考虑在购车时申请免税或减税，从而降低车辆购置税的税负。

▶ 9.12 烟叶税的税务筹划

烟叶税的税务筹划方法主要涉及如何合理利用税收政策、优化企业结构以及通过合法的税务操作来降低税负。

首先，合理利用税收政策是烟叶税税务筹划的关键。企业应当密切关注国家税收政策的变化，并合理应用这些政策来降低税负。例如，当政府对烟草行业加大税收力度时，企业可以通过合理利用税收减免政策来减轻税负。这需要企业有专业的税务团队或顾问，对税收政策进行深入研究和解读，确保能够正确、合规地应用政策。

其次，优化企业结构也是税务筹划的重要手段。通过扩大企业规模、优化生产流程等方式，可以提高企业的盈利能力，从而在一定程度上降低税负。例如，企业可以通过合并、重组等方式，形成更具规模效益的经营实体，提高市场竞争力，进而降低税负。

最后，结合一个具体的案例来分析烟叶税的税务筹划方法。假设某烟草公司计划进行一项新的烟叶采购和生产项目，预计投入资金较大。为了降低税负，公司可以考虑以下筹划方法。

（1）合理运用税收优惠政策：该公司可以研究并应用相关的税收优惠政策，如针对烟草行业的特定税收优惠、研发投入的税收抵免等。通过合理利用这些政策，公司可以在一定程度上降低税负。

（2）优化企业结构：该公司可以考虑通过与其他烟草企业或相关产业进行合作，形成产业链上下游的整合，提高整体效益。这不仅可以降低采购成本和生产成本，还可以通过合并报表等方式降低税负。

（3）合法避免税务风险：在进行税务筹划时，公司应确保所有操作都符合税法规定，避免出现违法行为。同时，公司可以通过与专业税务机构合作，进行税务风险评估和合规性审查，确保税务筹划的合法性和有效性。

需要注意的是，税务筹划是一项复杂而细致的工作，需要企业具备专业的税务知识和经验。同时，税务政策也会随着时间和市场环境的变化而不断调整，因此企业在进行税务筹划时应保持敏锐的洞察力和应变能力。

9.13 船舶吨税的税务筹划

船舶吨税是针对船舶的一种税收，其税务筹划方法主要涉及如何合理选择船舶类型、优化航线设计以及通过合法的税务操作来降低税负。

首先，合理选择船舶类型是税务筹划的重要手段。不同类型的船舶在吨位、航速、用途等方面存在差异，因此税务筹划时需要根据船舶的实际情况进行选择。例如，对于长期航线且不需要过多装载货物的船舶，选择高速、轻便的游艇等小型船舶可以降低吨税负担。

其次，优化航线设计也是税务筹划的关键。通过对航线进行合理规划，可以降低船舶在港口停留的时间和次数，从而减少吨税的缴纳。例如，通过选择绕行某些海域或利用季节性优惠航线，可以降低吨税负担。

最后，结合一个具体的案例来分析船舶吨税的税务筹划方法。假设某航运公司拥有一艘货船，计划进行一次长途航行。为了降低吨税负担，公司可以进行以下筹划。

（1）合理选择船舶类型：考虑到航程较长且不需要过多装载货物，公司可以选择一艘高速、轻便的游艇，以降低吨税负担。

（2）优化航线设计：通过对航线进行优化，减少在港口停留的时间和次数，可以降低吨税负担。例如，可以选择经过某些海域或利用季节性优惠航线，以减少在港口停留的时间和次数。

（3）合法避免税务风险：在进行税务筹划时，航运公司应确保所有操作都符合税法规定，避免出现违法行为。同时，公司可与专业税务机构合作，进行税务风险评估和合规性审查，确保税务筹划的合法性和有效性。

需要注意的是，税务筹划是一项复杂而细致的工作，需要企业具备专业的税务知识和经验。同时，航运业是一个高度竞争的行业，政策变化较快，因此企业在进行税务筹划时应保持敏锐的洞察力和应变能力。

▶ 9.14 耕地占用税的税务筹划

耕地占用税是针对占用耕地资源的行为征收的，旨在保护耕地资源，促进土地的合理利用。税务筹划在耕地占用税方面，主要是通过合法合规的方式降低税负，提高土地利用效率。

1. 税务筹划方法

（1）合理规划土地利用：企业或个人在占用耕地前，应充分评估项目需求，合理规划土地利用，避免不必要的占用。通过优化布局，提高土地利用效率，减少占地面积，从而降低耕地占用税。

（2）利用税收优惠政策：政府为鼓励节约用地、保护耕地资源，会出台一系列税收优惠政策。纳税人应关注相关政策，合理利用优惠政策降低税负。

（3）提高土地复垦率：对于确实需要占用耕地的，应提高土地复垦率，确保在占用结束后及时恢复耕地功能。这不仅可以降低耕地占用税，还有助于保护耕地资源。

（4）合理确定纳税时点：纳税人应根据税法规定，合理确定纳税时点，避免提前或延迟纳税。这有助于降低资金成本，提高资金利用效率。

2. 案例分析

假设某房地产开发商计划在一个城市郊区开发住宅小区。该地区拥有大量耕地资源，因此开发商需要缴纳耕地占用税。为了降低税负，开发商进行了以下税务筹划。

（1）合理规划土地利用：开发商在项目规划阶段，对土地利用进行了合理规划。通过优化建筑设计和提高建筑密度来减少占地面积。同时，充分利用地下空间，建设地下停车场等，进一步减少地面占地面积。这些措施有效降低了耕地占用税。

（2）利用税收优惠政策：开发商关注到了当地政府为鼓励节约用地而出台的税收优惠政策。根据项目情况，开发商申请了相关优惠政策，进一步降低了耕地占用税负担。

（3）提高土地复垦率：开发商在施工过程中，注重保护耕地资源，确保施工结束后及时恢复耕地功能。通过采取一系列措施，如设置临时围挡、防止水土流失等，提高了土地复垦率。这不仅有助于降低耕地占用税，还得到了当地政府和社会各界的认可。

（4）合理确定纳税时点：开发商根据项目进度和资金情况，合理确定了纳税时点。在确保合规的前提下，通过合理安排资金流动降低了资金成本。

通过以上税务筹划方法，该房地产开发商成功降低了耕地占用税负担，提高了项目的经济效益和社会效益。

需要注意的是，税务筹划应在合法合规的前提下进行。纳税人应充分了解税法规定，遵循税收政策和法律法规，确保税务筹划的合法性和有效性。同时，税务筹划也应考虑企业的长期发展和社会责任，实现经济效益和社会效益的"双赢"。

第 10 章

税收征管过程中的税务筹划

▶ 10.1 税种选择的税务筹划

税收征管过程中的税种选择，直接关系到纳税人的税负水平和企业／个人的经济利益。税务筹划的关键在于合理选择适用税种，以达到降低税负、增加经济收入的目的。

1. 税务筹划方法

（1）根据业务类型选择适用税种：根据企业／个人的业务类型选择适合的税种。例如，对于以销售商品为主的企业，增值税可能是主要的税种；而对于提供劳务服务的企业，营业税可能更为合适。

（2）根据税率差异选择税种：不同税种的税率可能存在差异，合理选择税种可以在一定程度上降低税负。例如，企业所得税和个人所得税在税率和征收方式上存在差异，可以根据实际情况选择合适的税种。

（3）根据税收优惠政策选择税种：政府为了鼓励某些行业或企业发展，会出台一系列税收优惠政策。纳税人应关注相关政策，根据自身情况选择合适的税种，以享受税收优惠。

（4）考虑不同税种的纳税时间差异：不同税种的纳税时间可能存在差异，合理选择税种和缴纳时间有助于规划资金流动，降低资金成本。

2. 案例分析

某网络科技公司主要从事软件开发和系统集成业务，兼有销售商品和提供劳务服务的性质。为了降低税负，该公司进行了以下税务筹划：

（1）根据业务类型选择税种：该网络科技公司综合考虑自身业务特点，选择了增值税和营业税作为主要税种纳税。对于销售商品业务，主要缴纳增值税；对于提供劳务服务业务，主要缴纳营业税。

（2）利用税率差异进行税务筹划：该网络科技公司通过合理利用不同税种的税率，降低了整体税负。例如，在选择增值税税率时，该公司充分考虑了劳务收入和商品销售收入的实际情况，选择了合适的税率，从而降低了整体税负。

（3）利用税收优惠政策：该网络科技公司关注到了国家对于高新技术企业的一系列税收优惠政策，积极申请并享受了相关优惠，进一步降低了税负。

（4）合理规划纳税时间和方式：该网络科技公司根据自身情况和税收政策，合理规划了纳税时间和方式，通过延迟纳税时间等方式降低了资金成本，提高了资金利用效率。

通过以上税务筹划方法，该网络科技公司成功降低了整体税负，提高了竞争力。

▶ 10.2 纳税对象的税务筹划

税收征管过程中的课税对象是税收制度的核心要素之一，税务筹划的关键在于根据课税对象的性质和特点，选择适合自身的税务筹划方法，以达到降低税负、提高经济效益的目的。

1. 税务筹划方法

不同行业的课税对象不同，税务筹划方法也不同。对于以销售商品为主的企业，增值税可能是主要的税种，因此可以选择合理的进销策略来降低税负；对于提供劳务服务的企业，营业税可能更为合适，因此可以通过合理安排劳务收入的结算时间和方式来降低税负。

2. 利用价格转移进行税务筹划

在某些情况下，纳税人可以通过合理安排价格转移的方式，将一部分利润转移到其他企业或个人，以达到降低自身税负的目的。例如，一家企业向另一家企业销售商品时，可以通过合理定价和结算方式的选择，将一部分利润转移到另一家企业，从而降低自身税负。

3. 利用税收优惠政策进行税务筹划

政府为了鼓励某些行业或企业发展，会出台一系列税收优惠政策。纳税人应关注相关政策，根据自身情况选择合适的课税对象，以享受税收优惠。例如，对于高新技术企业，国家出台了一系列税收优惠政策，企业可以合理规划自身的研发活动和经营活动，充分利用这些政策来降低税负。

4. 考虑货币时间价值进行税务筹划

纳税人的货币收入和支出在不同时间点的价值是不同的，通过合理规划课税对象的缴纳时间和方式，可以充分利用货币的时间价值降低税负和资金成本。

案例分析

某制造企业主要从事机械设备生产和销售，其课税对象主要是销售收入和机械设备的成本。为了降低税负，该企业进行了以下税务筹划。

（1）利用价格转移进行税务筹划：该企业与下游客户签订销售合同时，通过合理定价和结算方式的选择，将一部分利润转移到了下游客户，从而降低了自身的税负。

（2）利用行业特点进行税务筹划：该企业充分考虑了自身行业的特点和税收政策，选择将增值税作为主要税种纳税。在进销策略上，该企业通过合理安排进货渠道和销售渠道，降低了整体税负。

（3）利用税收优惠政策：该企业关注到了国家对于高新技术企业的一系列税收优惠政策，积极申请并享受了相关优惠，进一步降低了企业的税负。

（4）考虑货币时间价值：该企业在纳税时间上进行了合理规划，通过延迟纳税时间等方式，降低了资金成本，提高了资金利用效率。

通过以上税务筹划方法，该制造企业成功降低了整体税负，提高了经济效益和竞争力。

总的来说，税务筹划需要在合法合规的前提下进行。纳税人应充分了解税收政策和法律法规，根据自身情况和行业特点选择合适的课税对象进行缴纳，以实现经济效益和社会效益的"双赢"。

5. 电子商务利用"数据流"筹划纳税

电子商务的发展不仅对物流管理提出了新的要求，还为电子商务的纳税筹划提供了可能性，具体内容包括以下内容。

一是利用税收管辖权进行纳税筹划。目前大多数国家结合行使居民税收管辖权和所得来源地税收管辖权。当两种税收管辖权发生冲突时，通常按照税收协定的规定来解决。我国税法就中国居民的全球所得以及非中国居民来源于我国的所得征税，对不同类型所得的纳税操作中，税法对收入来源的判断标准不一样。然而，由于电子商务的虚拟化、数字化、匿名化、无国界和支付方式电子化等特点，其交易情况大多数被转换为"数据流"在网络中传送，税务机关难以根据传统的税收原则判断交易对象、交易场所、制造商所在地、交货地点、服务提供地、使用地等。随着电子商务的发展，公司容易根据需要，选择低税区作为交易的发生地、劳务提供地、使用地，从而减轻企业税负。

二是利用电子商务企业的性质进行纳税筹划。多数从事电子商务的企业，其注册地是位于各地的高新技术园区，拥有高新技术企业证书，但是其营业执照上限定的营业范围并没有明确提及电子商务业务。有些企业营业执照上注明从事系统集成和软件开发销售、出口，但实际上主要从事电子商务业务。这类企业是属于所得税意义上的先进技术企业和出口型企业，还是属于生产制造企业、商业企业，还是属于服务企业，因为判定性质不同，将导致企业享受的税收待遇有所不同。在所得税上，高新技术企业、生产制造型的外商投资企业可享受定期减免税优惠以及税率上的优惠；在增值税上，生产制造企业和商业企业在进项税额抵扣时间上及税率规定不同，而且作为软件企业还可以享受超过规定增值税税收负担率的部分实行即征即退的税收优惠政策。

根据上述情况，从事电子商务的企业被定性为什么样的企业就成为纳税的关键问题。由于在上述认定上的复杂性，纳税人就可以根据自己的实际情况和税法上的不同规定进行有利于节税的企业性质认定操作。

三是利用收入性质的确认进行纳税筹划，电子商务将原先以有形财产形式提供的商品转变为数字形式提供，使得网上商品购销和服务的界限变得模糊。对这种以数字形式提供的数据和信息应视为提供服务所得还是销售商品所得，目前税法还没有明确的规定，只是对有形商品的销售、劳务的提供和无形资产和使用规定了不同的税收待遇。比如，将电子商务中的有形货物销售收入视为服务收入会直接影响税种的适用和税负的大小，对货物的销售通常适用13%的增值税，而劳务收入则适用3%的增值税。此时，纳税人就应该根据平衡点的原理，决定是适用增值税一般纳税人合适，还是适用增值税小规模纳税人合适。

6. 利用常设机构的判断进行纳税筹划

电子商务使得非中国居民能够通过设在中国服务器上的网址销售货物到境内或提供服务给境内用户，但我国与外国签订的税收协定并对非中国居民互联网网址是否构成常设机构等涉及电子商务的问题作出任何规定。

按照协定的有关规定："专以为本企业进行其他准备性或辅助性活动为目的而设的固定营业场所"不应视为常设机构，相应地，亦无须在中国缴纳企业所得税。服务器或网站的活动是属于"准备性或辅助性质"的固定场所，还是构成税收协定意义上的常设机构，是没有定论的。此外，如果通过网络服务供应商的基础设施在国内商议和签发订单，该网络服务供应商是属于独立代理人，还是已构成常设机构的非独立代理人，这一点也不明确。由于存在上述的模糊性，征税就成为一件非常困难的事情，也是纳税人可以筹划的地方。

7. 利用制定转让定价政策进行纳税筹划

由于电子商务改变了公司进行商务活动的方式，原来由人完成的增值活动现在越来越多地依赖于机器和软件来完成，网格传输的快捷使关联企业在对待特定商品和劳务的生产和销售上有更广泛的运作空间，它们可快速地在彼此之间有目的调节成本费用及收入的分摊，制定谋求公司利益最大化的转让定价政策。同时，由于电子商务信息加密系统、匿名式电子付款工具、无纸化操作及其流动性等特点，使税务机关难以掌握双方的交易事实，给税务机关确定合理的关联交易价格和作出税务调整增大了难度，同样为纳税筹划提供了可能性。

▶ 10.3 计税依据的税务筹划

税收征管过程中的计税依据是税收制度的重要组成部分，税务筹划的关键在于根据计税依据的种类和特点，选择适合自身的税务筹划方法，以达到降低税负、提高经济效益的目的。

1. 根据计税依据的种类进行税务筹划

税收制度中的计税依据通常包括应纳税额、销售额、营业额、财产价值等。纳税人可以根据计税依据的种类和特点，选择不同的税务筹划方法。例如，对于销售额，纳税人可以通过合理安排销售方式、结算方式等来降低计税依据金额，从而降低税负。

2. 利用价格调整进行税务筹划

在某些情况下，纳税人可以通过合理调整价格的方式，将一部分利润转移到其他企业或个人，以达到降低自身税负的目的。例如，一家企业向另一家企业销售商品时，可以通过合理定价和结算方式的选择，将一部分利润转移到另一家企业，从而降低自身的税负。

3. 利用扣除项目进行税务筹划

在税收制度中，通常会规定一定的扣除项目，如职工薪酬、研发费用等。纳税人可以利用这些扣除项目，合理规划扣除项目的金额和范围，降低应纳税额，从而降低税负。

4. 利用税收优惠政策进行税务筹划

政府为了鼓励某些行业或企业发展，会出台一系列税收优惠政策。纳税人应关注相关政策，根据自身情况选择合适的计税依据，以享受税收优惠。

某房地产开发企业主要经营房地产销售业务，其课税对象主要是销售收入和房地产成本。为了降低税负，该企业进行了以下税务筹划：

（1）利用计税依据的种类进行税务筹划：该企业通过合理安排销售方式、结算方式等，将销售收入中的房屋面积和价格进行了合理分类和核算，从而降低了计税依据金额，达到了降低税负的目的。

（2）利用扣除项目进行税务筹划：该企业充分考虑了国家对于房地产开发企业的税收优惠政策，积极申请并享受了相关扣除项目，如职工薪酬、研发费用等，进一步降低了企业税负。

（3）利用税收优惠政策调整计税依据：该企业还关注到了国家对于小微企业的税收优惠政策，通过合理规划销售收入和成本的核算方式，使得自身符合小微企业的认定标准，从而享受了相关优惠，降低了整体税负。

通过以上税务筹划方法，该房地产开发企业成功降低了整体税负，提高了竞争力。

10.4 税率的税务筹划

税率是税收制度的核心要素之一，直接关系到纳税人的税负水平。因此，合理利用税率差异和变化，选择适当的税务筹划方法，对于降低税负、提高经济效益具有重要意义。

1. 税率差异利用筹划方法

（1）地区差异利用：不同地区可能存在税率差异，纳税人可以根据业务布局需要，合理选择注册地和经营地，以享受较低的税率优惠。

（2）行业差异利用：不同行业往往适用不同的税率政策。纳税人可以通过合理调整业务结构，将部分业务转移至税率较低的行业，以降低整体税负。

2. 税率变动趋势预测筹划方法

（1）税率下调预测：当政府有降低税率的意向或趋势时，纳税人可以通过合理安排投资、生产经营等活动，以在未来享受税率下调带来的税负减轻。

（2）税率上调预测：相反，当政府有提高税率的趋势时，纳税人应提前进行税务筹划，通过加速折旧、提前支付费用等方式，将未来可能增加的税负转移至当前较低税率时期。

3. 边际税率与平均税率筹划方法

（1）边际税率筹划：针对个人所得税等累进税制，纳税人可以合理安排收入结构，使得收入尽量分布在较低的边际税率区间，从而降低整体税负。

（2）平均税率筹划：对于企业所得税等级比例税制，纳税人可以增加税前扣除项目、利用税收优惠政策等方式降低应纳税所得额，从而降低平均税率。

某科技公司主要从事软件开发和销售业务，其收入主要来源于软件销售和技术服务。为了降低税负，该公司进行了以下税率筹划。

（1）利用地区差异：该公司注意到某些地区对科技企业提供了税收优惠政策，包括降低企业所得税税率等。因此，公司决定将部分研发业务转移至这些地区，并在当地注册成立子公司，以享受较低的税率优惠。

（2）预测税率变动：在预测到政府可能即将对软件行业实施税率上调的情况下，公司提前进行了税务筹划。通过加速折旧研发设备、提前支付研发人员薪酬等方式，将未来可能增加的税负转移至当前较低税率时期。

（3）优化收入结构：针对个人所得税，公司合理安排了技术人员的薪酬结构，将部分奖金、津贴等以非货币形式支付，如提供员工培训、健康保险等福利，从而降低技术人员的应纳税所得额和边际税率。

通过以上税率筹划方法，该科技公司成功降低了整体税负，提高了经济效益和竞争力。需要强调的是，税务筹划必须在合法合规的前提下进行。纳税人应充分了解税收政策和法律法规，遵循税收征管的原则和规定，确保税务筹划的合法性和有效性。同时，税务筹划也需要结合企业的实际情况和业务特点，制订个性化的筹划方案，以实现最佳的筹划效果。

▶▶ 10.5 纳税期限的税务筹划

企业纳税期限的税务筹划对于企业的财务管理和资金安排具有重要意义。

1. 税务筹划方法

（1）合理规划缴税时间：企业可以根据税法规定，合理规划应纳税款的缴纳时间。比如，对于可延期缴纳的税款，可以提前安排资金，避免出现资金紧张的情况。

（2）分期缴纳税款：对于规模较大的企业，可以考虑采用分期缴纳税款的方式，将一次性缴纳的税款分摊到多个会计期间，减轻资金压力。

（3）利用税收优惠政策：部分地区或行业可能存在税收优惠政策，企业可以根据自身情况，合理选择注册地或行业类型，以享受适当的税收优惠。

2. 案例分析

以某大型制造企业为例，分析如何利用纳税期限进行税务筹划。该企业主要生产和销售机械设备，并涉及出口业务。下面将根据企业的具体情况进行具体筹划。

（1）纳税期限筹划方法：考虑到该企业涉及出口业务，可以享受出口退税政策，因此选择在规定时间内申报纳税并申请退税。同时，考虑到资金周转问题，该企业决定采用分期缴纳税款的方式，将一次性缴纳的税款分摊到多个会计期间。

（2）纳税期限税务筹划的具体措施：

①提前编制预算：企业财务部门应提前编制年度预算和月度资金计划，合理安排资金用于缴纳税款。

②分期缴纳税款：企业与银行或税务部门协商，签订分期缴税协议，将应缴纳的税款分摊到未来的几个会计期间。

③合理安排现金流：企业应加强现金流管理，确保在规定的缴税期限内按时缴纳税款，避免出现滞纳金等额外费用。

通过合理的纳税期限筹划，该大型制造企业成功减轻了资金压力，避免了滞纳金等额外费用，提高了资金使用效率。

▶ 10.6 税收优惠政策的筹划

在企业税收征管过程中，利用税收优惠政策进行税务筹划是提升企业财务效益、降低税收负担的重要手段。

1. 税务筹划方法

（1）深入研究税收优惠政策：企业应定期关注国家及地方税收政策变化，深入研究和理解各种税收优惠政策的适用范围、条件和限制，确保企业能够充分利用这些政策。

（2）合理调整企业结构：根据税收优惠政策的要求，企业可以通过合理调整企业结构，如设立符合条件的子公司、分支机构或合作企业，以享受特定税收优惠政策。

（3）合理安排投资和经营活动：企业应结合税收优惠政策，合理安排投资和经营活动，例如选择投资地区、行业或项目，以享受相应的税收减免或优惠。

（4）加强税务风险管理：在利用税收优惠政策的同时，企业应加强税务风险管理，避免涉及税务违法行为。

2. 案例分析

某高新技术企业主要从事软件产品的研发和销售。为了提升企业竞争力，该企业每年投入大量资金用于研发活动。在税务筹划过程中，该企业充分利用了研发费用加计扣除政策。

1）筹划方法

（1）该企业详细研究了研发费用加计扣除政策的具体规定和要求，确保企业的研发活动符合政策条件。

（2）企业建立健全了研发活动的财务管理和核算制度，确保研发费用能够准确、合理地归集和核算。

（3）企业合理调整研发项目的投资结构，将资金投入到符合政策规定的研发活动中，以最大化享受加计扣除的优惠。

2）筹划效果

通过充分利用研发费用加计扣除政策，该企业成功降低了税收负担，提高了研发投入的效益。同时，这也进一步激励企业加大研发力度，提升技术创新能力，为未来发展奠定坚实基础。

3）案例总结

这个案例表明，企业在利用税收优惠政策进行税务筹划时，需要深入研究政策规定，建立健全的财务管理和核算制度，并合理调整投资和经营活动。通过合规、合理地利用税收优惠政策，企业可以有效降低税收负担，提高经济效益，实现可持续发展。

第4篇

税务筹划书撰写

税务筹划是一项系统性工程，专业性强，实务操作中涉及财务、税务、法务、金融、企业管理等多方面知识技能。本篇简明介绍税务筹划书的撰写过程、前期准备、后期管理及筹划实务中应注意的事项。

第 11 章

如何撰写税务筹划书

撰写一份专业性强、可行性高的税务筹划报告对于指导企业税务管理至关重要。那么，如何撰写这样一份报告呢？

1. 明确报告目的与背景

报告开篇应明确税务筹划的目的，如降低税负、优化税务结构、提高资金使用效率等，并简要介绍企业的基本情况、行业特点以及面临的税务环境，为后续制订筹划方案提供背景支撑。

2. 深入分析企业税务现状

（1）税务数据梳理：详细列出企业近年来的税务数据，包括各税种纳税额、税收占比、税收增减变动情况等。

（2）税务合规性评估：分析企业是否存在税务风险点，如漏报、错报、偷税漏税等，确保税务筹划建立在合规基础上。

（3）税务政策利用情况：评估企业是否充分利用了现行的税收优惠政策，以及是否存在待发掘的潜在税收优惠。

3. 制订税务筹划方案

（1）筹划目标设定：根据企业实际情况和税务筹划目的，设定具体的筹划目标，如降低税负率、优化税务结构比例等。

（2）筹划策略选择：结合行业特点和税收政策，选择合适的筹划策略，如调整企业组织形式、优化业务流程、合理利用税收优惠政策等。

（3）具体实施方案：详细列出实施筹划方案的具体步骤、时间安排、责任人等，确保方案的可操作性。

4. 预测与评估筹划效果

（1）税务数据预测：基于筹划方案的实施，预测企业未来的税务数据变化情况，包括各税种纳税额的变动趋势。

（2）经济效益分析：分析税务筹划对企业经济效益的影响，如降低税负带来的成本节约、资金流转加速等。

（3）风险评估与应对：识别筹划方案可能带来的风险点，如合规性风险、政策风险等，并提出相应的应对措施。

5. 总结与建议

（1）总结报告要点：简要回顾报告的主要内容，强调税务筹划的重要性和实施方案的可行性。

（2）提出实施建议：针对筹划方案的实施提出具体建议，如加强内部税务管理、定期评估筹划效果等。

6. 附录与附件

附上相关的税务政策文件、税务筹划具体实施方案、预测数据表格等，以供读者参考和查阅。

在撰写税务筹划报告时，需注意以下几点。

（1）专业性与准确性：报告应体现财税专业知识，数据准确、分析深入，避免出现错误或误导性信息。

（2）逻辑性与条理性：报告结构应清晰，内容逻辑严密，条理分明，便于读者理解和接受。

（3）可行性与操作性：筹划方案应切实可行，具有可操作性，避免过于理论化或脱离实际。

11.1 纳税资料的收集

在企业税务筹划过程中，财务和税务资料的收集是一项至关重要的任务。这些资料不仅税务是税务筹划的基础，更是确保筹划合规性、降低风险的关键。收集资料时需要注意以下事项。

1. 明确收集范围与目的

首先，需要明确收集财务和税务资料的范围和目的。资料范围应涵盖企业日常经营活动的各个方面，包括但不限于财务报表、纳税申报表、税务凭证、合同协议等。收集目的是全面了解企业税务状况，为后续税务筹划提供准确的数据支持。

2. 确保资料的真实性与完整性

资料的真实性和完整性是税务筹划的基础。在资料收集过程中，务必确保所有资料均来源可靠，且未经篡改或伪造。同时，要对资料进行逐一核对，确保信息的准确性和完整性，避免因资料不全或错误而导致筹划失败或产生税务风险。

3. 注意资料的时效性

税务政策、法规以及企业经营状况都会随着时间的推移而发生变化。因此，在收集资料时，要特别注意资料的时效性。确保所收集的资料能够反映企业最新的税务状况和经营情况，以便为筹划提供最新的数据支持。

4. 关注资料的合规性

税务筹划必须在合规前提下进行。因此，在收集资料时，要特别关注资料的合规性。例如，要确保所收集的税务凭证符合税法规定，纳税申报按时、准确等。对于存在合规性问题的资料，要及时进行调整或补充，确保筹划的合规性。

5. 加强资料保密与安全管理

财务和税务资料涉及企业的商业秘密和税务信息，必须严格保密。在收集、整理和使用这些资料时，要加强资料保密和安全管理工作，防止资料泄露或被非法获取。同时，要建立完善的资料管理制度，规范资料的保存和使用，确保资料的安全性和完整性。

6. 建立资料收集与更新的长效机制

税务筹划是一个持续的过程，需要不断地对企业的税务状况进行监测和分析。因此，要建立资料收集与更新的长效机制，定期对财务和税务资料进行收集、整理和分析，确保筹划的及时性和有效性。同时，要根据企业的经营情况和税务政策变化，及时更新筹划方案，确保筹划的适应性和前瞻性。

▶ 11.2 相关税务政策的正确解读

在企业税务筹划过程中，准确解读相关税务政策是至关重要的，这不仅可以确保筹划的合规性，还可以提高筹划效率和质量。准确解读相关税务政策需要注意以下事项。

1. 深入研究政策法规

首先，需要对相关的税务政策法规进行深入研究和了解，包括税法、财务法规、税收优惠政策等。要关注政策法规的更新和变化，及时了解最新的税务政策，以便为筹划提供最新的数据支持。

2. 理解政策目的和适用范围

在解读政策时，要理解政策的实施目的和适用范围，明确政策允许和限制的行为。同时，要关注政策的实施细节和具体要求，确保筹划方案符合政策规定。

3. 结合企业实际情况进行解读

税务政策是针对企业整体运营情况制定的，因此在解读政策时，需要结合企业实际情况进行解读，确保筹划方案符合企业的经营特点和财务状况。

4. 注意政策变化和例外情况

税务政策会随着时间的推移而发生变化，因此在解读政策时，要关注政策的变动情况，及时调整筹划方案。同时，要注意政策中的例外情况，避免因忽视例外情况而导致筹划失败或产生税务风险。

5. 寻求专业意见

在解读税务政策时，如果存在不确定或困难的问题，可以寻求专业人士的意见和建议。专业人士可以提供更准确、更全面的解读，帮助企业制订更有效的筹划方案。

6. 建立定期更新机制

税务政策是动态变化的，因此需要建立定期更新机制，对税务政策进行研究和了解，以确保筹划方案的适应性和前瞻性。同时，要根据政策的变动及时调整筹划方案，确保筹划方案的合规性和有效性。

7. 注意保密与安全

在解读税务政策过程中，同样需要注意资料的保密与安全。财税资料涉及企业的商业秘密和税务信息，必须严格保密。在解读资料过程中，要加强资料保密和安全管理工作，防止资料泄露或被非法获取。

11.3 税务筹划思路的论证

在企业税务筹划过程中，论证税务筹划思路是非常关键的一步，它决定了整个筹划的可行性和效果。税务筹划思路论证需要注意以下事项。

1. 明确筹划目标

在开始筹划之前，首先要明确筹划的目标，包括降低税负、合理避税、优化财务结构等。明确目标有助于我们围绕目标进行税务筹划思路的论证。

2. 分析企业现状和财务状况

对企业现状和财务状况进行分析，有助于我们了解企业的优势和劣势，以及潜在的税务风险，找到适合企业的税务筹划切入点。

3. 研究相关税务政策

在论证税务筹划思路时，需要对相关的税务政策进行深入研究，包括税法、财务法规、税收优惠政策等。通过政策分析，我们可以找到合法合规的筹划路径，同时也能够为筹划方案的制订提供依据。

4. 综合评估风险和收益

在论证税务筹划思路时，需要综合考虑方案的收益和风险。通过对方案进行风险评估，我们可以发现潜在的税务风险和合规问题，并及时进行调整。

同时，通过对方案进行收益评估，我们可以了解方案的可行性和效果，为后续筹划工作提供参考。

5. 考虑企业长远发展

税务筹划是短期的财务安排，更是企业长远发展的战略之一。在论证税务筹划思路时，需要考虑企业的长远发展目标，以及税务筹划对企业战略的影响，以确保筹划方案符合企业战略要求，有利于企业长期发展。

6. 与专业人士交流

在论证税务筹划思路时，如果存在困难，可以寻求专业人士的意见和建议。专业人士可以提供更准确、更全面的观点，帮助企业制订更有效的筹划方案。同时，与专业人士交流也可以帮助企业发现潜在的税务风险和合规问题。

7. 持续关注政策变化

税务政策是动态变化的，因此需要持续关注政策变化，及时调整筹划思路，以确保筹划方案与最新政策要求保持一致，避免因政策变化而导致的风险和损失。

8. 注意保密与安全

在论证税务筹划思路的过程中，财税资料涉及企业的商业秘密和税务信息，必须严格保密。在交流和讨论过程中，要加强资料保密和安全管理工作，防止资料泄露或被非法获取。

11.4 税务筹划书基本架构与撰写

一份专业税务筹划不仅是企业税务筹划工作的基础，也是与相关部门沟通、决策的重要依据。

1. 专业税务筹划书基本框架

（1）封面与目录：税务筹划书封面应包含标题、企业名称、编制日期等基本信息。目录页列出报告的主要章节和页码，方便阅读者快速定位所需内容。

（2）摘要与概述：摘要部分简要介绍税务筹划的背景、目的、主要内容和结论。概述部分则对企业的基本情况、税务状况、筹划需求等进行简要描述。

（3）税务筹划思路与方案：此部分详细阐述税务筹划的思路、原则、方法和具体方案，包括分析企业税务状况、识别税务风险、研究税收优惠政策、提出合法合规的筹划路径等。

（4）风险评估与应对措施：针对税务筹划方案可能带来的风险，进行定性和定量评估，并提出应对措施和预案。

（5）实施步骤与时间安排：明确税务筹划方案的实施步骤、责任分工和时间节点，确保筹划工作有序进行。

（6）预期效果与收益分析：预测税务筹划方案实施后可能带来的税务效果、财务收益和长期影响，为决策提供依据。

（7）结论与建议：总结税务筹划书的主要内容和结论，提出针对企业实际情况的税务筹划建议。

（8）附录与参考资料：附录部分可包括相关税务法规、政策文件、税务筹划方案的具体计算过程等。参考资料则列出编写税务筹划书过程中引用的文献、数据等。

2.税务筹划报告样本

【××公司2023年度税务筹划报告】

摘要：

本报告旨在为××公司2023年度税务筹划提供专业建议。通过对公司税务状况的分析，结合税收优惠政策，提出合法合规的税务筹划方案，以降低税负、优化财务结构，实现企业的可持续发展。

1.企业基本情况与税务状况分析

（1）企业基本情况

××公司成立于××××年，主要从事××××业务。近年来，随着市场竞争的加剧，公司面临着较大的税务压力。

（2）税务状况分析

通过对公司近年来的税务数据进行分析，发现公司在某些方面存在较高的税负，如增值税、企业所得税等。同时，公司在利用税收优惠政策方面还存在一定的不足。

2. 税务筹划思路与方案

（1）增值税筹划

A. 优化采购管理，合理获取进项税额。

B. 加强销售管理，合理确认销售收入。

C. 研究并申请适用的增值税优惠政策。

（2）企业所得税筹划

A. 合理调整企业组织架构，优化利润分配。

B. 加强成本控制，提高税前利润。

C. 充分利用研发费用加计扣除等税收优惠政策。

3. 风险评估与应对措施

（1）风险评估

税务筹划过程中可能存在的风险包括政策风险、操作风险、合规风险等。针对这些风险，我们将进行定期评估和监控。

（2）应对措施

A. 加强政策研究，及时调整筹划方案。

B. 规范操作流程，确保筹划的合规性。

C. 建立风险预警机制，及时应对潜在风险。

4. 实施步骤与时间安排

（1）实施步骤

A. 制订详细的税务筹划实施方案。

B. 组织相关部门进行培训和沟通。

C. 按照方案要求逐步实施筹划措施。

（2）时间安排

本税务筹划方案计划于××××年××月开始实施，预计至××××年××月底完成主要筹划工作。

5. 预期效果与收益分析

通过实施本税务筹划方案，预计可实现以下效果：

（1）降低公司整体税负，提高盈利能力。

（2）优化财务结构，增强企业竞争力。

（3）提高公司对税收政策的利用效率，降低税务风险。

6. 结论与建议

本税务筹划报告旨在为 ×× 公司 2023 年度税务筹划提供专业建议。通过深入分析公司的税务状况，结合税收优惠政策，我们提出了合法合规的税务筹划方案。建议公司按照本报告提出的方案逐步实施筹划措施，以实现降低税负、优化财务结构的目标。同时，公司应持续关注税收政策的变化，加强内部管理，确保筹划工作的合规性和有效性。

（注：以上仅为税务筹划报告样本的部分内容，实际报告应根据企业的具体情况进行编写，详细阐述税务筹划的各个方面）

11.5　税务筹划的后续管理

税务筹划的后续管理是非常重要的，它关系到企业的长期利益和合规性。税务筹划后续管理需要注意的事项和具体方法如下所述。

1. 定期评估税务筹划效果

企业应该定期对已实施的税务筹划进行评估，以了解其实际效果是否达到预期。评估内容包括：

（1）审查税务筹划的实施情况，确保所有步骤都按照计划进行。

（2）分析实际税负与预期税负的差异，找出可能存在的问题。

（3）检查税务筹划是否符合现行法规，如有需要，及时调整筹划方案。

2. 建立完善的文档管理制度

为了方便后续查阅和审计，企业应建立完善的文档管理制度，包括税务筹划方案、实施过程、结果分析等。同时，应妥善保存所有相关文件和数据，以备不时之需。

3. 加强与税务部门的沟通

企业应与税务部门保持密切沟通，及时了解最新的税收政策，以便对税务筹划进行调整。在遇到问题时，应及时与税务部门沟通，寻求解决方案。

4. 防范税务风险

企业应关注可能存在的税务风险，并采取相应的防范措施。这包括但不限于：定期进行税务自查，确保账目和报表的准确性；了解并充分利用税收优惠政策；避免使用可能存在风险的筹划方案。

5. 提高员工财税素质

企业应加强对员工的财税培训，提高员工的财税意识和素质，确保员工能够理解和遵守相关法规，从而降低企业潜在的税务风险。

6. 定期更新税务筹划方案

随着税收政策的变化和企业经营状况的变化，税务筹划方案也应进行更新。企业应根据实际情况，定期评估现有方案的适用性，并根据需要进行调整。

7. 建立风险应对机制

企业应建立风险应对机制，以应对可能出现的意外情况，包括制订应急预案、储备应对资源、培养应对能力等。一旦出现意外情况，企业应迅速采取措施，将风险降到最低。

后记

亲爱的读者朋友们:

你们好!

我是你们的朋友,一名资深财税实战专家,同时也是这本《税务筹划一本通》的作者。首先,我要感谢你们选择阅读这本关于税务筹划实务的书。我相信,这本书将成为你们在财税领域探索和成长的强大助力。

在当今经济全球化大背景下,税务筹划的重要性日益凸显。这本书正是为渴望了解税务筹划、提升企业经济效益的读者量身定制的。它不仅提供了丰富的税务筹划知识,还通过通俗易懂的表述和生动的案例帮助你们轻松掌握税务筹划的核心技巧和方法。

阅读这本书,你们将了解到当前经济潮流下的税收政策与市场环境,掌握企业所得税、个人所得税、增值税等18个主要税种的筹划技巧,同时还能了解企业经营、投资、筹资过程中的税务筹划技巧。我相信,这些内容将为你们的财税工作提供有力支持和指导。

我希望这本面向财税实践工作者的书能够激发你们对税务筹划的热情,鼓励你们不断学习、实践和创新。同时,我也希望这本书能够为有志于深入了解税务筹划的读者提供一个全面、系统、实用的参考。

最后,我想对你们说:税务筹划是一门需要不断学习和实践的学问。在阅读本书的过程中,请保持开放和探索的心态,结合自身实际情况,合法筹划,合规管理,不断尝试和总结。我相信,通过这本书的引导,你们一定能够在财税领域取得更大的成功。

祝愿你们在财税服务之路上越走越远,实现自己的梦想!

资深财税实战专家　黄绪奇